Aussichten laden ein

Schauen, Wandern, Erleben: 15 Ausblicke und Ausflüge in Rhön und Werratal

Wunderbare Panoramen der Südthüringer Heimat: Die haben Zeitungsleser vorgeschlagen. Dieser praktische Freizeit-Wegweiser zeigt 15 der allerschönsten – und stellt sie als Ausflugsziele vor.

Der Süden Thüringens ist reich an wunderbaren Ausblicken. Thüringer Wald, Rhön, Grabfeld, Werratal oder Schiefergebirge: Überall bieten sich Wanderern und Reisenden atemberaubende Panoramen zwischen Himmel, Berg und Tal. Wo ließe sich ein solcher Anblick besser genießen als von einer bequemen Sitzbank an genau der richtigen Stelle? Und was wäre ein besserer Ausgangspunkt fürs Erkunden der Landschaft und ihrer Attraktionen als dieser Bank-Standort, von dem man den besten Überblick über all das hat?

Aus diesen Gedanken wurde im Jahr 2016 die Aktion „Südthüringens schönste Aussichten" geboren – ein Gemeinschaftswerk der Tageszeitungen *Freies Wort*, *Südthüringer Zeitung* und *Meininger Tageblatt* sowie dem größten regionalen Krankenhaus, dem SRH Zentralklinikum Suhl. Wandervereine, Touristiker, Dorfgemeinschaften, Nachbarn, Naturliebhaber und Heimatfreunde aus ganz Südthüringen: Sie schlugen zu hunderten „ihren" wundervollsten Ausblick vor. Die Beteiligung war enorm, die Auswahl schwer. Sechzig Panoramen schafften es schließlich in die Reihe der allerbesten. Sie sind „Südthüringens schönste Aussichten".

An jeder dieser Blickpunkte steht nun eine massive Bank aus Thüringer-Wald-Fichte, handgefertigt in den Reha-Werkstätten am Bergsee Ratscher bei Schleusingen. Jede Aussicht wurde in den Zeitungen vorgestellt. Mit einem großformatigen Foto, mit Geschichten und Informationen drumherum.

Dieser Freizeit-Wegweiser präsentiert „Südthüringens schönste Aussichten" nun in kompakter Form – und vor allem ganz praktisch. Ausflügler und Entdecker, Wanderer und Radler, Autofahrer und Freizeitbegeisterte, Ausgucker und Aktive, Familien und Individualisten: Sie alle finden ein prächtiges Foto als Vorgeschmack aufs echte Panorama. Und dazu alle wichtigen Informationen, die man für einen Ausflug so braucht: Sehenswürdigkeiten, Geschichten und Routen rund um den Aussichtspunkt, Tipps für Aktivitäten aller Art, zur Einkehr und zur Anfahrt.

Dieses Heft, die Nummer 1 der Serie, führt Sie zu fünfzehn Aussichtspunkten in den Westen Südthüringens, also in den Thüringer Teil der Rhön und ins Werratal. Kommen Sie mit rauf auf den Öchsen und die Kleine Geba, rein in die Natur, entdecken Sie schmucke Dörfer , Kultur und herrliche Winkel.

Demnächst erscheinen weitere drei Bände mit den übrigen 45 schönsten Aussichten im Süden, Norden und Osten der Region.

Viel Spaß und Genuss beim Schauen, Wandern und Fahren!

- Landkarten mit allen Standorten von „Südthüringens schönsten Aussichten" finden Sie auf den nachfolgenden Seiten.
- Erklärungen zur Benutzung dieses Freizeit-Wegweisers lesen Sie auf Seite 66.

Südthüringens schönste Aussichten: 60 Blicke in 4 Heften

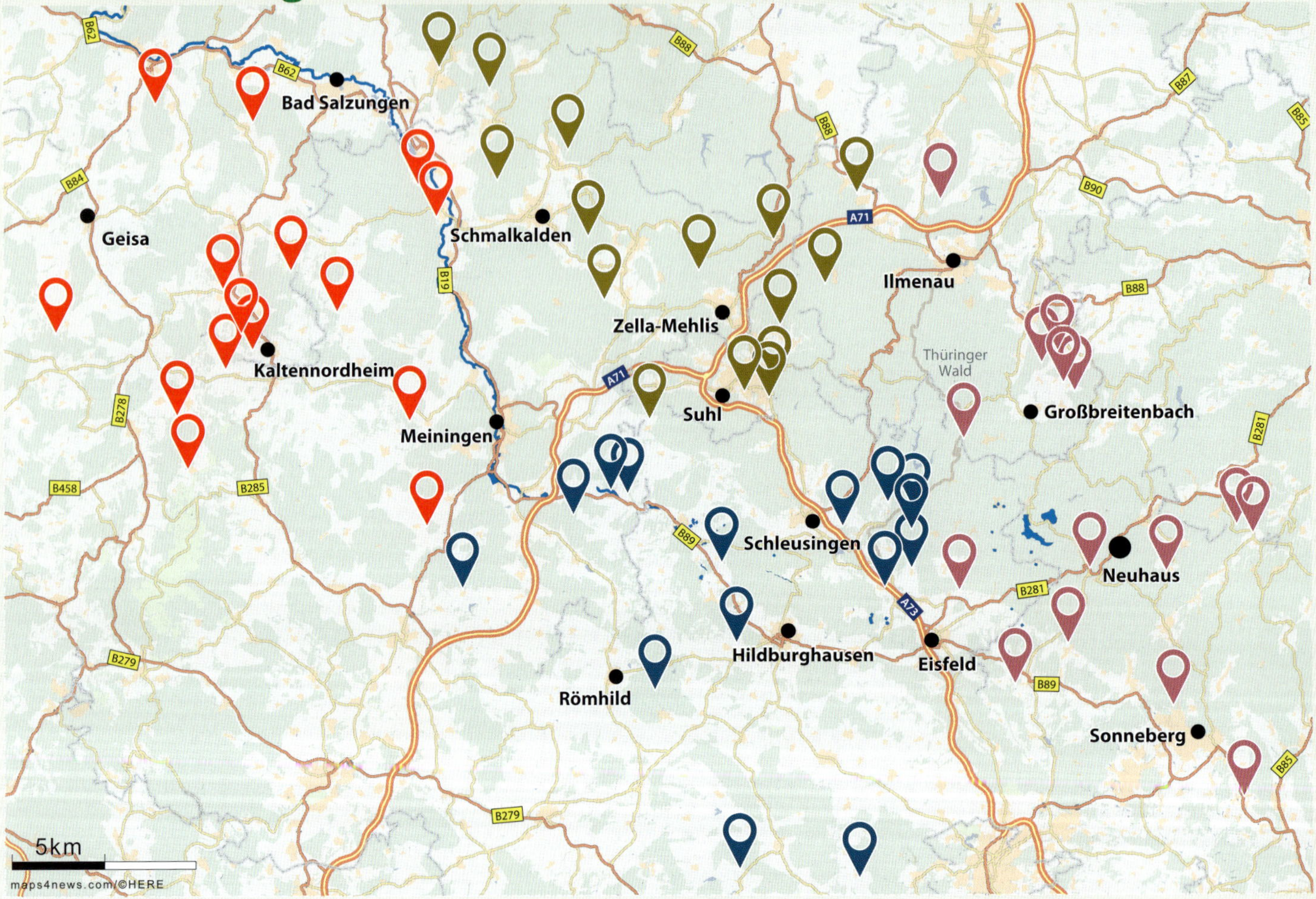

Heft 1 (West) Heft 2 (Süd) Heft 3 (Ost) Heft 4 (Nord)

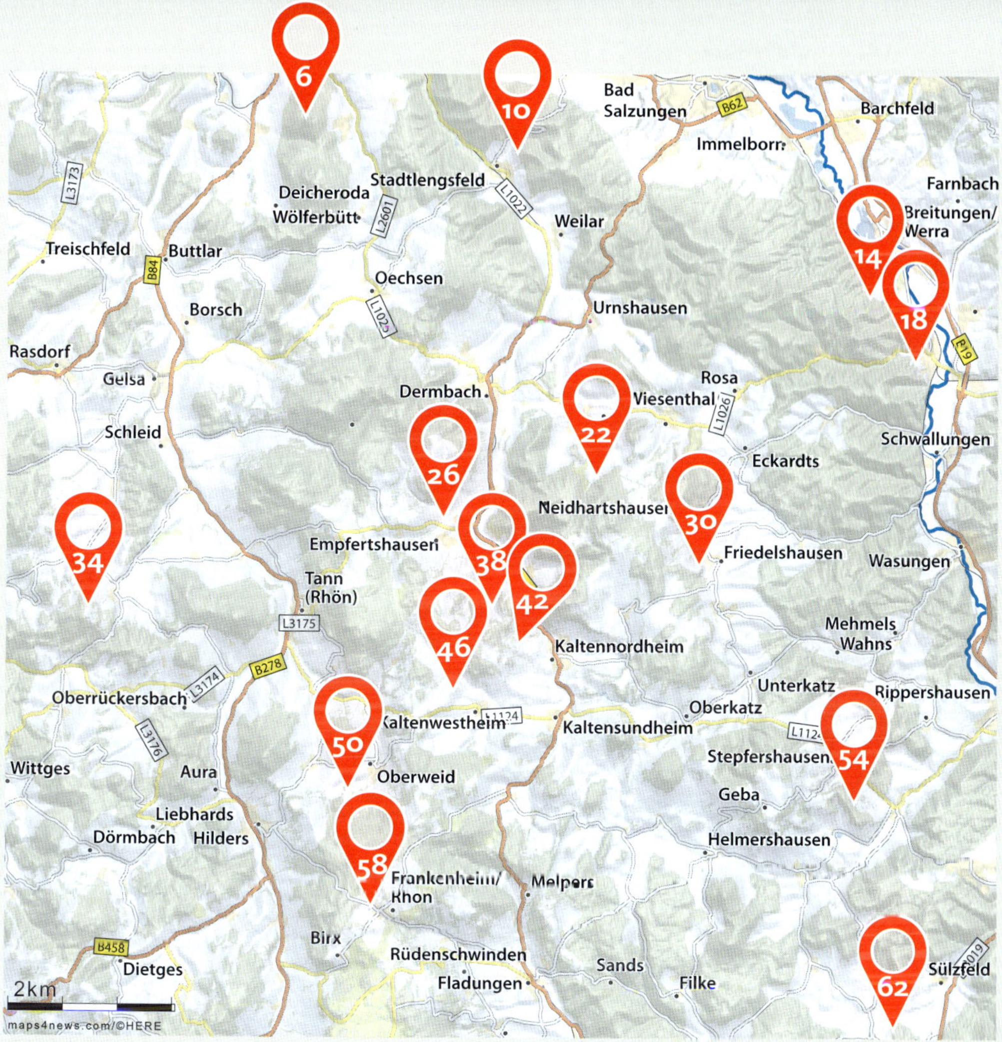

Heft 1 :

15 Ausblicke und Ausflüge in Rhön und Werratal

INHALTSVERZEICHNIS

Vom Öchsenberg mit seinem Keltenkreuz südlich von Vacha hat man einen der schönsten Rundumblicke der Thüringer Rhön.

Öchsenberg, Vacha

Öchsenberg, Vacha

Der Öchsenberg, meist kurz Öchsen oder auch Oechsen genannt, ist der nördlichste Berg der thüringischen Rhön. Seine typisch rhönerisch vulkan-runde Kegelform, die buchenwaldgesäumte Lage südlich der Werra im Ortsdreieck Sünna – Vacha – Völkershausen machen ihn unübersehbar. Kuppenrhön heißt dieser Teil des Mittelgebirges. Auf dem Gipfelplateau, am vier Meter hohen Keltenkreuz, steht unsere Bank – auf 614 Metern Höhe.

Die schöne Aussicht

Dreihundertsechzig Grad, die es in sich haben: Im Süden die Hochrhön mit der Königin der Rhön, der Wasserkuppe (950 Meter). Der Blick nach Südwesten zeigt noch beeindruckender als anderswo, warum das Hessische Kegelspiel so heißt. Im Osten der Thüringer Wald und das Werratal. Und schließlich im Norden, hinter den beiden weißen Kalihalden von Hattorf und Heringen, die Ausläufer von Meißner und Knüllgebirge.

Aktivitäten & Ausflüge

Während unten im Werratal die Spuren des Bergbaus unverkennbar sind, herrscht hier droben Natur pur. Zugleich steht unsere Bank auf uraltem Wohngebiet. Schon vor mehr als 3000 Jahren zog die dominierende Lage des Öchsen Siedler an. Bis ins dritte Jahrhundert vor Christus bestand hier eine befestigte keltische Siedlung (Oppidum), neben der Steinsburg bei Römhild die größte weit und breit.

Der vom Ende des 19. Jahrhunderts bis 1986 betriebene Basaltabbau tilgte den keltischen Wall (und machte den einst 627 Meter hohen Öchsen 13 Meter niedriger). Heute hält das **Keltendorf** in Sünna die Erinnerung an die Kultur der Gallier wach. Eigentlich gibt es jeden Sonntag Führungen, aber wegen eines Streits mit den Pächtern war das Keltendorf im Frühjahr 2018 zu. ➡ 2 Kilometer, ⬇ 160 Meter.

Sehenswert in der Umgebung ist die fünf Wanderkilometer von der Bank entfernte Altstadt von **Vacha** mit ihren stattlichen Fachwerkhäusern im Hessen-Stil, der Burg Wendelstein und dem „Knusperhäuschen“.

Wandern & Radeln

Anders als das Dorf ist der **Keltenpfad** jederzeit nutzbar. Markiert mit „K“ auf weißem Grund, ist er ein kleines Wanderwegenetz rund um das Keltendorf, den Öchsen und dem benachbarten Dietrichsberg.

Eine familienfreundliche ➡ 7-Kilometer-Rundwanderung führt in zweieinhalb Stunden vom Berg zum Keltendorf (oder umgekehrt) und über die Paulinenquelle wieder zurück. Anspruchsvoller ist der komplette, knapp ➡ 18 Kilometer lange Keltenpfad (⬆ und ⬇ 680 Meter), der gleich auch noch den Dietrichsberg (wo immer noch Basalt abgebaut wird) umkreist. Beste Wanderzeit ist Frühjahr, wenn unter anderem die Orchideen blühen. Auch die Wanderwege Main – Werra, Wasserkuppe – Bad Salzungen und Ulstertal verlaufen über den Öchsenberg.

Essen & Trinken

Nahe der Bank: Einkehren kann man von April bis Oktober jeden Sonn- und Feiertag in der Öchsenberghütte (10 – 18 Uhr). Um die Hütte kümmert sich der örtliche Rhönklub, der nach 1945 wegen der Grenznähe vom Öchsen vertrieben worden war.

In den Dörfern: Neben dem Keltendorf lädt in Sünna das Keltenhotel „Goldene Aue“ ein (Mo bis Fr ab 17, Sa/So ab 11 Uhr, ✆ 03 69 62 / 26 70). In Völkershausen östlich des Öchsen gibt es den „Hirsch“ (✆ 03 69 62 / 50 132).

Anfahrt & Lage

Auto: Mit dem Auto kommt man nur bis zum Fuß des Berges. und zwar entweder über Völkershausen und dann via Rodenberger Straße

bis zum Schlagbaum, von dort über den asphaltierten Weg ➡ 3 Kilometer zum Gipfel (fürs letzte Stück die Treppe hinter der Berghütte nehmen). Oder man parkt am Keltenhotel in Sünna und läuft ➡ knapp zwei Kilometer. Vom südlichen Ortsrand Vachas aus sind es zu Fuß ➡ 3,5 Kilometer bei ⬆350 Höhenmetern.

Völkershausen erreicht man ab Bad Salzungen nach 21 Kilometern über die B62 Richtung Bad Hersfeld, dann in Vacha Richtung Dermbach. Nach Sünna auf der anderen Öchsen-Seite gelangt man über die B84 ab Vacha Richtung Hünfeld. Wer aus Mittelthüringen anreist, nimmt am besten den Weg über die A4 (Abfahrt Friedewald, dann B62 Richtung Vacha, ➡ 110 Kilometer ab Kreuz Erfurt).

Bahn, Bus, Rad: Busse fahren von Bad Salzungen nach Vacha (Linie 100, Mo bis Fr stündlich, Sa/So alle 3 Stunden, Radmitnahme gratis, www.vgwak.de). Die Radtour vom Bahnhof Bad Salzungen ist was für Sportliche (➡ 23 Kilometer, ⬆ 500 Meter, ⬇ 150 Meter).

...und sonst?

Ob und wann die einst regelmäßigen Veranstaltungen im Keltendorf wieder stattfinden, ist offen. Sicher ist: Jedes Jahr am 9. November treffen sich Thüringer und Hessen an der steinernen Brücke zwischen Vacha und Philippsthal zum Grenzöffnungs-Gedenken.

Vom Weinberg liegt einem Stadtlengsfeld zu Füßen. Hinter dem Tal der Felda grüßen die runden Rhön-Schwergewichte Baier, Dietrich, Öchsen.

Stadtlengsfeld

Weinberg, Stadtlengsfeld

Der Weinberg erstreckt sich nordöstlich von Stadtlengsfeld und ist sozusagen der Balkon des 2400-Einwohner-Städtchens im Feldatal. Auf einem Plateau unterhalb des breiten Gipfels, auf etwa 370 Metern, steht unsere heutige Bank. Unsichtbar sind die einstigen Kalibergbau-Schächte, die hunderte Meter unterm Berg verlaufen. Weinberg heißt es nicht zufällig. Reste alter Terrassen lassen keinen Zweifel, dass hier am (sonnenuntergangs- freundlichen) Südwesthang einst Trauben angebaut wurden.

Die schöne Aussicht

...geht übers Feldatal hinweg in die nordwestliche Vorderrhön. Markant lugen die typisch rhönrunden Zwillingskegel von Öchsenberg und Dietrichsberg hervor, weiter links dann der auffällige Baier, der als Hausberg der Vorderrhön gilt. Der Fernblick ist bereits durch die nahen Hügel verstellt, umso mehr hängt das Auge an den Wiesen und Feldern.

Aktivitäten & Ausflüge

Stadtlengsfeld gehört zu den Orten Südthüringens, die selten besucht werden. Eigentlich schade. Zwar blieb nach einem Großbrand vor 140 Jahren wenig übrig vom mittelalterlichen Stadtbild. Die schöne Kirche hat überlebt, und natürlich die trutzige Burg Lengsfeld aus dem 12. Jahrhundert, gegründet von Hessen, die hier bis 1813 als Bischöfe oder Landgrafen das Sagen hatten. Heute beherbergt die Burg eine psychotherapeutische Reha-Klinik – das milde Stadtklima ist kurfreundlich.

Zu den Attraktionen der weiteren Umgebung gehört natürlich das **Erlebnisbergwerk Merkers**. Zu dem gelangt man von der Bank auf je nach Route ➡ 7,5 bis 10 recht bergigen Wanderkilometern (um den Weinberg herum oder ins Feldatal runter und hinterm Ort rechts). Oder man fährt 13 sanfte Kilometer per Rad oder Auto durchs Feldatal über Dorndorf. Führungen von nur Di bis Sa jeweils 9.30 und 13.30 Uhr, von April bis Oktober zusätzlich So 10.30 Uhr. Diese eindrucksvolle Grubenfahrt in 800 Meter Tiefe sollte man vorher anmelden (✆ 0 36 95 / 61 41 01).

Wandern & Radeln

Nicht nur die Kurgäste schätzen die ausgezeichneten Wandermöglichkeiten hier im unteren Feldatal. Vom Bank-Standort läuft man angenehme ➡ 3 Kilometer (⬆ und ⬇ 110 Meter pro Weg) nordostwärts zum Waldhaus **Hundskopf**, von wo man nach ein paar Metern bereits ins Werratal runter nach Leimbach blicken kann. In der Nähe ein **Blaue Grotte** genannter kreisrunder Teich.

Ebenfalls kurz und steigungsarm ist der Ausflug runter nach **Menzengraben**, wo in zwei Schachtanlagen Kali gefördert wurde, bis der Abbau 1958 nach einem Grubenunglück mit sechs Toten eingestellt wurde. Genau zwischen Stadtlengsfeld und Menzengraben lockt im Sommer ein schönes **Freibad** (bei Badewetter täglich 14 – 20 Uhr, ✆ 03 69 65 / 67 20).

Zu den Attraktionen der Gegend gehört der **Feldatal-Radweg**, der auf der Trasse der einstigen Bahnlinie zwischen Dorndorf im Werratal (240 Meter) und Kaltennordheim flussaufwärts (440 Meter) angelegt und darüber hinaus bis Fladungen verlängert wurde. Auf den ➡ 45 Kilometern steigt es nach Süden hin recht sanft an, richtig steil wird es nur im südlichsten Stück, wenn es ab kurz vor der Feldaquelle über die Hohe Rhön geht.

Im Nahbereich um Stadtlengsfeld kann man zu den Wasserburg-Resten von **Schloss Feldeck** bei Dietlas radeln (➡ 7 Kilometer) oder ➡ 5 Kilometer bachaufwärts nach Weilar mit noch einem Wasserschloss samt Park.

Essen & Trinken

Nahe der Bank: Das besagte Waldhaus Hundskopf birgt eine Gaststätte mit Biergarten (Fr bis So ab 11 Uhr, ✆ 0170 / 2 84 10 89).

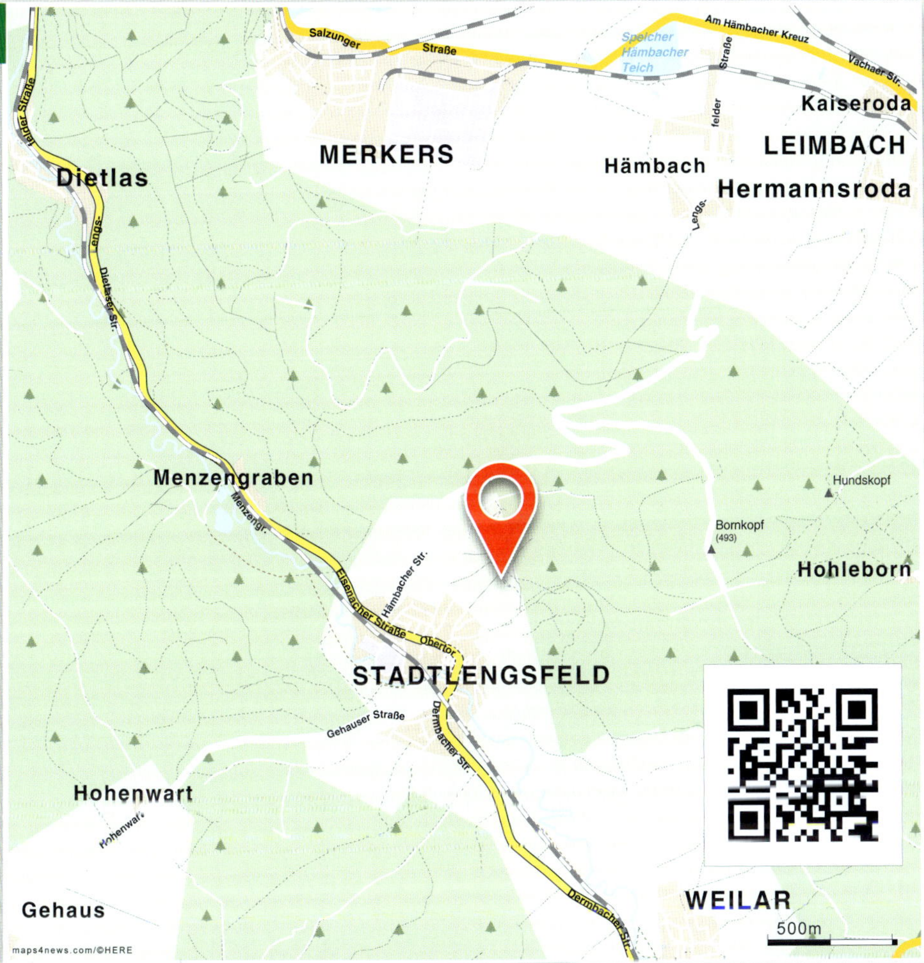

In Stadtlengsfeld: Der „Thüringer Hof" mitten im Ort bietet Restaurant und Biergarten (täglich, ✆ 036 83/79 190). Wenn's schnell gehen soll: Um die Ecke gibt es den Döner-Imbiss „Aksu" (Mo Ruhetag).

Anfahrt & Lage

Auto: Stadtlengsfeld erreicht man via Bad Salzungen (B 62 Richtung Bad Hersfeld, dann links) oder über die B 285, von der es zwischen Dermbach und Urnshausen abzweigt. Von der A 71 (Meiningen-Nord) sind es ➡ 51 Kilometer über Schwallungen/Roßdorf. In Stadtlengsfeld orientiert man sich an den Straßen „Salzunger Hohle" und „Weinberg", die wenig überraschend Richtung Bank führt. Auto abstellen und nach hundert Metern zu Fuß ist man da.

Bahn, Bus, Rad: Radler können mit dem Zug bis Bad Salzungen fahren, von dort sind es ➡ 9 Kilometer über Leimbach und dann durch den Wald via Hundskopf (⬆ 260 Meter, ⬇ 140 Meter). Busse mit Gratis-Radmitnahme fahren ab Bad Salzungen, auch Sa und So (Linie 111, www.vgwak.de).

... und sonst?

Pfingstsonntag ist Hundskopffest am Waldhaus. In der Stadtlengsfelder Kirche finden immer mal – meist sonntags – Konzerte statt.

Wiesen und Felder machen den Blick frei auf die beiden Breitunger Seen im Werratal. Links sieht man Herren-, rechts Frauenbreitungen.

Breitunger Seen

Seeblick Breitungen, Breiter Rain

Ja, der „Breite Rain“, wie unsere heutige Bank-Stelle heißt, liegt an einem Hang am linken Werraufer, auf 300 Metern und damit 60 Meter über dem Flussniveau. Aber um Berge geht es diesmal weniger, sondern um eine Wasserlandschaft, wie es sie ja selten gibt im Süden Thüringens. Dort, wo hinter dem Damm der Werrabahn südwestlich Breitungens die Vorderrhön zu ihrem ersten Gipfel, dem Köhlersberg, aufzusteigen beginnt, steht unsere Bank, nahe der Ausflugsgaststätte „Seeblick“.

Die schöne Aussicht

...geht auf einen Gewässer-Zwilling bestehend aus dem Vorderen und dem Hinteren Breitunger See. Hauptblickrichtung: Nordost. Grün leuchtet das Bergwiesenplateau zu Füßen der Bank. Man sieht das weitläufige Dorf Breitungen mit seinen markanten Türmen, dahinter das dunkelgrüne Massiv des Thüringer Waldes. Das Gipfelpanorama reicht von den Krayenbergen über Alte Warth und Kissel bis – bei klarer Sicht – zum Inselberg-Turm. Rechts tun sich der Trusegrund auf und die waldigen Höhen Richtung Schmalkalden.

Aktivitäten & Ausflüge

Durch Einstürze der salzigen oberen Erdschichten entstanden, stehen die beiden **Breitunger Seen** unter Naturschutz. Hier, geradewegs unterhalb der Bank, hat es alles, was ein naturnaher See braucht. Vor allem Schilf, Teich- und Seerosen, ruhige Buchten und 150(!) Vogelarten – vom Gänsesänger über Reiher und Rohrschwirl bis zum Haubentaucher. Störche sind Stammgäste.

Auf dem ufernahen Wanderweg (insgesamt ➡ 3,5 Kilometer) kann man schauen und horchen. Angeln darf aber nur der örtliche Verein, Baden ist verboten. Dafür muss man auf die andere Seite der Werra und ans Nordende des Ortes – zu den **Breitunger Kiesseen**, dem südlichsten Abschnitt der Kette gefluteter Gruben, die bis kurz vor Bad Salzungen reicht.

Am Kiessee gibt es den Campingplatz „Strandbad Breitungen“. Angeln, Surfen, Bootfahren, Minigolfen, Baden, Ende März bis Anfang November (✆ 03 68 48 / 88 20).

Breitungen, ein geschichtsträchtiges, mehr als 1000 Jahre altes, ziemlich großes 4800-Einwohner-Dorf ist natürlich auch einen Spaziergang wert. Erst seit 1950 sind die drei Teile Alten-, Herren- und Frauenbreitungen vereint – bis zum Zweiten Weltkrieg verlief hier mittendurch die Landesgrenze zwischen Thüringen und Preußen.

Top-Sehenswürdigkeit ist der Burghügel mit der 900-jährigen romanischen Basilika und ihrem 28 Meter hohen Turm, dem Schloss Herrenbreitungen und einem schönen Kräutergarten (mit Brauchtums-Museum, offen Mai bis Oktober Mi/Fr 10 – 12 Uhr und 13 – 16 Uhr, dazu jeden 1. und 3. Sonntag 14 – 17 Uhr).

Von der Industriegeschichte des Kraftwerk-Standorts Breitungen ist indes nicht mehr viel zu sehen. Der einst berühmte 200 Meter-Schornstein wurde 2005 gesprengt.

Wer sich nicht so viel bewegen möchte, erfreut sich vielleicht am **Wildgehege** mit seinen Hirschen direkt neben der Aussichtsbank.

Wandern & Radeln

Eine leichte, kinderwagentaugliche Wanderung führt in 30 Minuten vom Marktplatz über das Nordufer des Vorderen Sees zur Aussichtsbank. Wer richtig wandern will, macht sich über Knollbach auf den Weg zum Pleß (➡ 8 Kilometer, ⬆ 380 Meter).

Wir sind im Werratal, also sind natürlich Radeln und Kanufahren empfehlenswert. Bootstouren bis Tiefenort organisiert www.scout-outdoor.de/kanu.

Der Werratalradweg führt gleich östlich an den Seen vorbei. Richtung Bad Salzungen (➡ 13,5 Kilometer) passiert man die Seenkette, im Süden zweigt in Wernshausen der

Mommelstein-Radweg nach Schmalkalden (➡ ebenfalls flache 13,5 Kilometer)

Essen & Trinken

Nahe der Bank: Jagdhaus „Seeblick" am Wildgehege, Di bis Sa ab 11.30, So ab 10 Uhr, ✆ 03 68 48 / 27 60.

Anfahrt & Lage

Auto: Breitungen ist über die Werratal-Bundesstraße 19 zu erreichen. Von der A 71-Abfahrt Meiningen-Nord sind es rund ➡ 30 Kilometer bis zum Bank-Standort samt „Seeblick"-Parkplatz, der jenseits der Werrabahn und ein ganzes Stück westlich der B 19 liegt (via Rathaus-/Bahnhofstraße). Achtung, das Ziel nicht mit dem Kiessee verwechseln!

Bahn, Bus, Rad: Ideal ist die Anreise per Bahn. Der Bahnhof Breitungen liegt keine ➡ 1,5 Kilometer entfernt von der Bank. Täglich stündliche Züge Richtung Meiningen, Eisfeld, Bad Salzungen, Eisenach; in Wernshausen Anschluss nach Schmalkalden und Zella-Mehlis.

. . . und sonst?

Kultur-Events gibt es ab und zu in der Basilika. Manchmal öffnet das Rußwurmsche Haus, ein uraltes Herrenhaus – etwa am Tag des offenen Denkmals immer am zweiten September-Sonntag (www.russwurm.net).

Vom Gänsberg blickt man über Wernshausen, das Werratal und Fambach bis hinauf zum (im Bild wolkenverhangenen) Großen Inselsberg.

Wernshausen

Westlich des Schmalkalder Ortsteils Wernshausen im Werratal kündigt sich die Vorderrhön mit einigen kleineren Bergen an. Der Gänsberg ist einer davon. An dessen Nordosthang, nahe dem westlichen Wernshäuser Ortsrand und südlich des Rosatals, steht unsere heutige Bank. Mit 340 Metern über NN (und damit 70 über Werra-Niveau) ist es die am niedrigsten gelegene aller unser 60 schönsten Aussichten Südthüringens.

Die schöne Aussicht

...ist demzufolge eher ein lebendiges Tal- als ein idyllisches Bergpanorama. Vorne das industriell geprägte Wernshausen mit Papierfabrik, Bahnstrecke und der B19-Brücke. Dahinter erahnt man das Schmalkaldetal, das von Schmalkalden herunter kommt. Oben am Hang das dörflichere Fambach, hinter dem der Thüringer Wald aufragt. Bei gutem Wetter sieht man deutlich den Großen Inselsberg. Dreht man den Kopf nach links, kommen die Vorderrhön-Dörfer Helmers, Rosa und Georgenzell in Sicht.

Aktivitäten & Ausflüge

Die zu DDR-Zeiten eher berüchtigte, heute längst hochmoderne **Papierfabrik** versorgt weiterhin die Büros, Küchen und Toiletten und bietet einen Werksverkauf (Mo bis Do 9–18,

Gänsberg, Wernshausen

Fr 9.15–17 Uhr in Schwallungen, Hilderser Straße, ✆ 036848/3850).

Hingegen ist eine weitere prominente Immobilie Wernshausens Geschichte: Die wunderschöne alte **Kammgarnspinnerei** des Meininger Theater-Architekten Karl Behlert im Ortsteil Niederschmalkalden hat die Kommunalpolitik abreißen lassen. An der Kreuzung Zwick, die sie bis 2009 zierte, stehen Durchreisende nicht mehr im Stau, seit eine imposante Hochbrücke die B19 über die Schmalkalde führt.

Heute ist das sehenswerteste Gebäude die **Burgruine Todenwarth** am steilen rechten Werraufer. Der Gutshof auf dem Gelände einer mittelalterlichen Befestigungsanlage ist in Privatbesitz. Hinein kommt man zu Kultur-Events und zum Tag des offenen Denkmals Anfang September (✆ 036848/31401).

In **Wernshausen** selbst lohnt der Blick auf die mächtige Bruchstein-Fachwerk-Architektur des Ex-Rathauses. Seit 2008 gehört der 2800-Einwohner-Ort zur einst bedeutenden Stadt **Schmalkalden**. Deren attraktive Altstadt liegt ➡ 9 Kilometer von der Bank entfernt. Schloss Wilhelmsburg bietet viel Flair und engagierte Regional-Ausstellungen (täglich 10–18, November bis März nur bis 16 Uhr). Die Werkzeugmacherstadt bietet außerdem ein Schaubergwerk und ein Hochofenmuseum (✆ 03683/403186, www.museumwilhelmsburg.de. Den Stadtbummel kann man mit einem Besuch der einzigartigen **Viba-Nougatwelt** versüßen (täglich 9.30–18 Uhr, ✆ 03683/6921600).

Wandern & Radeln

Natur pur gibt es auf der anderen Seite der Bank, wo Wälder und Wiesen zu Spaziergängen einladen. Mit dem **Mommelstein-** und dem **Rosatal-Radweg** starten gleich zwei schöne Zweirad-Routen in Wernshausen.

Durchs Rosatal kann man von der Bank wandern oder radeln – nach Helmers, wo die **Burgruine Frankenberg** mit ihrem Bergfried den Aufstieg lohnt (ab Bank ➡ 5 Kilometer, ⬆ 210 Meter, ⬇ 150 Meter).

Ehrgeizige verdoppeln die Tour-Länge und erklimmen den **Berg Pleß** mit Aussichtsturm, wovor allerdings stolze ⬆ 440 Meter Aufstieg bei ➡ 11 Kilometern Entfernung liegen.

Essen & Trinken

Nahe der Bank: Einkehr-Tipp in Wernshausen ist das urige Gasthaus Feldschlösschen (✆ 036848/30057).

Anfahrt & Lage

Auto: Wernshausen liegt verkehrsgünstig dort, wo die B 19 Meningen – Eisenach die Straße Schmalkalden – Dermbach kreuzt. Von der A 71-Abfahrt Meiningen-Nord sind es 25 Kilometer. Einmal in Wernshausen, von der Ortsmitte (Bahnhofsallee) die Thomas-Mann-Straße ansteuern und an deren Ende parken. Von dort sind es wenige hundert Meter geradeaus zum Aussichtspunkt.

Bahn, Bus, Rad: Perfekt geht es auch per Bahn zur Bank, der Wernshäuser Bahnhof liegt einen kurzen Spaziergang oder ein paar Rad-Umdrehungen entfernt (➡ 1 Kilometer, ⬆ 80 Meter). Stündliche Züge auf der Werrabahn nach Eisenach, Bad Salzungen, Meiningen, Eisfeld, ebenso nach Schmalkalden und Zella-Mehlis mit Anschluss nach Suhl und Erfurt (hier Sa/So nur alle zwei Stunden).

... und sonst?

Beim Flößerfest im Sommer (meist im Juni) lassen riesige Werrafloß-Nachbauten alte Zeiten aufleben: Jahrhunderte lang transportierten die Wernshauser Flößer Baumstämme aus dem Thüringer Wald flussabwärts bis Hannoversch Münden und (immer fünf Werraflöße zu einem Weserfloß zusammengebunden) weiter bis nach Bremen, wo sie zum Beispiel an holländische Schiffsbauer verkauft wurden.

Wacholder und Wiesen, Wäldchen und Weiden, Wolken und Weitblick, und Wiesenthal mittendrin: Das Panorama von der Roßberghütte.

Wiesenthal

Zwischen Wiesenthal und Kaltenlengsfeld im Südzipfel des Wartburgkreises, dort, wo die Vorderrhön in die eigentliche Rhön übergeht, liegt der 702 Meter hohe Roßberg. An dessen Nordhang, 200 Meter tiefer als der Gipfel, steht die Roßberghütte. Direkt daneben, unter ein paar Tannen, unsere Aussichtsbank. Wir sind im tiefsten Biosphärenreservat.

Die schöne Aussicht

...geht vor allem nach Norden und beweist einmal mehr, wie treffend die Bezeichnung der Rhön als „Land der offenen Fernen" ist. Wunderbar kuppig die Berge mit den schönen Namen Horn und Nebel. Dazwischen das 800-Einwohner-Dorf Wiesenthal. Links die Wiesenthaler Schweiz, am Horizont das osthessische Bergland mit dem Hohen Meißner. Dazu Wiesen, Felder und Hänge, betupft nicht nur mit den ewig gleichen Fichten, sondern auch mit Wacholder, Eiben und Pappeln.

Aktivitäten & Ausflüge

Die **Roßberghütte** ist ein bekanntes Wanderziel. Auch „Onkel Toms Hütte" genannt, stand sie einst im Dorf und diente als Lager für die von Wiesenthal nach Frankreich exportierten Weinbergschnecken, bevor sie 1967 hier hoch geschafft wurde.

Roßberg, Wiesenthal

Wenige Schritte entfernt beginnt das Naturschutzgebiet **Wiesenthaler Schweiz** mit seinen Schafshutungen und dem Hangquellmoor, wo seltene Orchideen wachsen. Dazu ist ein großer Wacholderhang zu bestaunen.

Wer nicht nur wandern und radeln will, schaut sich im 795 erstmals erwähnten Wiesenthal das Dorfmuseum im **Schranshaus**, einem ehemaligen Kolonialwarenladen, an (April bis November So 14 – 18 Uhr, ✆ 036964/95586). Oder kühlt sich im gut ausgestatteten Freibad ab (Mo bis Fr ab 13, Sa/So, Ferientage ab 10 Uhr, ✆ 036964/95549).

Wandern & Radeln

Aber wer würde in diesem Naturparadies schon aufs Wandern verzichten? Rund ➡ 4 Kilometer nach dem banknahen Hangquellmoor beginnt der **Eibengarten** („Ibengarten") am Neuberg, eine weitere Baum-Besonderheit: Mehr als 400 Eiben, die ältesten 450 Jahre alt, stehen auf engem Raum und bilden wunderbare grüne Tunnel über den Wanderwegen.

Hinterm Neuberg erstreckt sich dann das **Feldatal** mit guten Radl-Möglichkeiten, dem **Rhönpaulus-Dorf Glattbach** und dem zentralen Ort **Dermbach** (vom Bank-Standort ➡ 7 hügelreiche Rad-Kilometer entfernt).

Rundwandertouren kann man schon in Wiesenthal starten: Über Roßberg- und Roßhofhütte, ➡ 9 Kilometer, ⬆⬇ 215 Meter; oder via Nebelberg zum Roßberg und auf einem Pappelweg zurück, ➡ 7 Kilometer, ⬆⬇ 135 Meter). Einen größeren Bogen schlägt eine Tages-Rundtour von der Roßberghütte via Hümpfershäuser Hütte, Rhönbrise, Fischbacher Wiese und zurück, eventuell mit einem Abstecher zum Hohen Asch. Bekannt ist diese Gegend übrigens auch für ihren hohen Bestand an **Wildschafen**. Also Augen auf!

Die Etappe Nummer 8 des „Hochrhöner"-Wanderwegs von Dermbach nach Bernshausen führt vorbei an Hütte und Ibengarten (➡ 11 Kilometer, ⬆ 390 Meter, gelbes Ö). Auch auf dem „Hochrhöner" und ➡ 2,5 flache Kilometer von der Roßberghütte entfernt: Der Berg **Nebel** mit dem legendären preußisch-bayerischen Schlachtfeld von 1866.

Essen & Trinken

Nahe der Bank: Einkehren kann man von Mai bis Oktober jeden Sonn- und Feiertag ab 10 Uhr in der Roßberghütte – es gibt Kuchen, eine Terrasse und einen Pferdeparkplatz.

In der Nachbarschaft: In Wiesenthal lädt die Gaststätte Schmalz ein (✆ 036964/

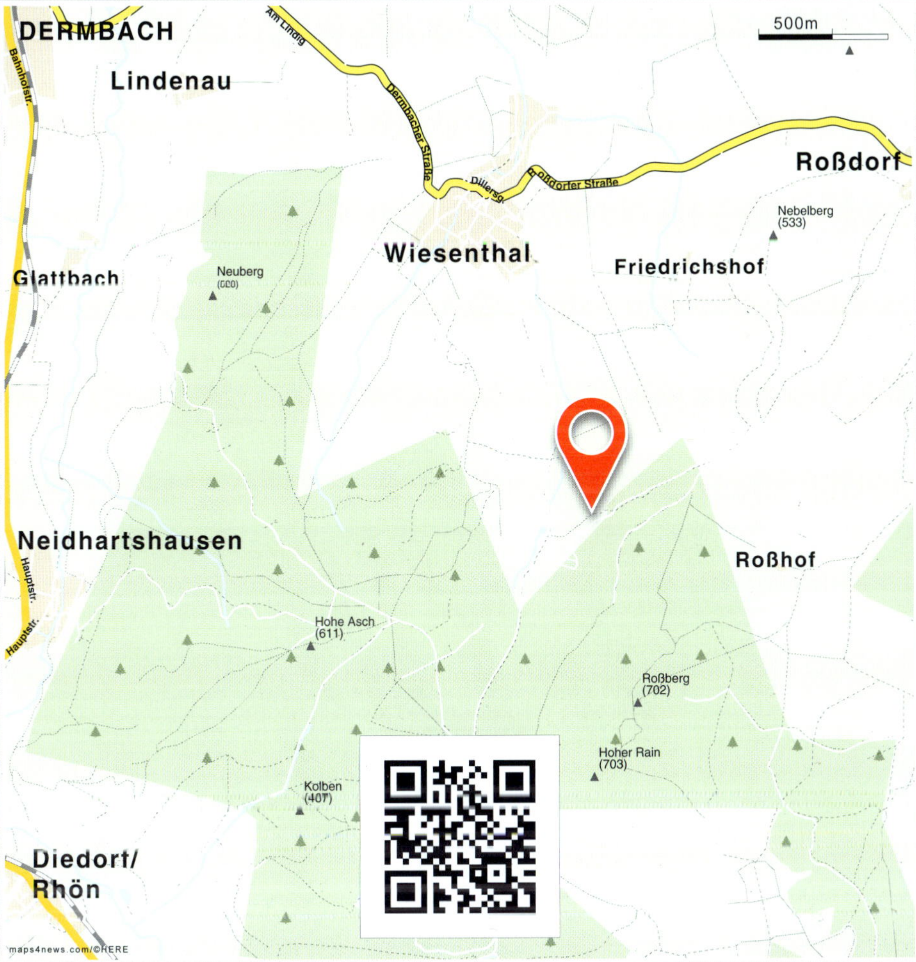

9 55 49) und in Dermbach (➡ 7 Autokilometer ab Hütte) etwa der „Rhönpaulus“ mit Biergarten (täglich offen). Die Roßhofhütte öffnet ganzjährig So ab 11 Uhr (20 Minuten Fußweg).

Anfahrt & Lage

Auto: Wiesenthal erreicht man in 25 Autominuten vom Werratal (B 19) Richtung Dermbach – entweder ab Schwallungen über Helmers/Roßdorf oder ab Wernshausen über Rosa/Roßdorf oder ab Bad Salzungen. Da in der Rhön der Weg stets auch das Ziel ist, lohnt sich ab der A 71-Abfahrt Meiningen-Nord auch die Landschaftstour über Herpf, Unterkatz, Oepfershausen, Hümpfershausen, Roßdorf (➡ 45 kurvige Kilometer). Die Roßberghütte liegt etwa ➡ 2,5 Fußkilometer von der Dorfmitte Wiesenthals entfernt (⬆ 150 Meter). Man kann mit dem Auto vom südlichen Ortsende auch fast bis an die Hütte heranfahren.

Bahn, Bus, Rad: Busverbindungen in diesem Teil der Rhön sind erbärmlich, Bahnlinien inexistent. Ambitionierte Radfahrer stemmen die ➡ 16 Kilometer aus dem Werratal (⬆350 Meter, ⬇ 80 Meter) ab den Bahnhöfen Wernshausen oder Schwallungen; zwischen Roßdorf und Wiesenthal gibt es einen nagelneuen Radweg.

. . . und sonst?

Die Roßberghütte feiert am 1. Mai Saisonbeginn. Ende Juli ist Zeltkirmes in Wiesenthal.

Drei Berg-Schönheiten im Blick, barocke Pracht im Ort und immer wieder hölzerne Kunst am Weg: So vielfältig kann die Rhön sein.

Zella (Rhön)

Sollten Sie sich jetzt wundern, dass schon wieder eine „Schönste Aussicht" in der Hohen Rhön vorgestellt wird: Das hat seinen guten Grund – es gibt lohnenswerte Standorte allerorten. So wie dieser am Rundwanderweg zwischen den Dörfern Zella und Brunnhartshausen. Unsere Bank steht diesmal nicht auf einem der hiesigen Berge Katzenstein (612 Meter), Waltersberg (673 Meter) oder Gläser (670 Meter), sondern an einem Hügel südöstlich davon, wiesenumsäumt und mit wunderbarem Blick auf diese drei Schönen.

Die schöne Aussicht

...kennen Sie jetzt also schon, was die Berge betrifft. Weidezäune, Laubbäume, gepflegte Wege und der für die Gegend typische Wälder-Wiesen-Wechsel: Kein Blick der Marke „Atemlos", eher einer zum Beruhigen und Innehalten: Ja, die Rhön ist schön. Wir sind hier natürlich im Biosphärenreservat. Keine Industrie stört den Naturgenuss.

Aktivitäten & Ausflüge

Hier sind wir hart an der Westgrenze Thüringens. Wer von weiter weg kommt, sollte den Abstecher ins hübsche Städtchen **Tann** nicht versäumen, das als hessischer Vorposten nach Thüringen hinein lugt (➡ 9 bergige Kilometer per pedes, Rad, Auto, Details siehe Seite 44).

Zella (Rhön)

Aber bleiben wir auf Thüringer Seite. In Zella und Umgebung gibt es zwei weit und breit einzigartige Attraktionen: Die barocke **Propstei Zella** nebst Kirche Mariä Himmelfahrt, im 18. Jahrhunderts erbaut vom italienischen Hofbaumeister Andrea Gallasini. Schöne Holzschnitzerei aus dem Jahr 1500 und Barock-Prunk in einer Gegend, die bis ins 20. Jahrhundert hinein für ihre bittere Armut bekannt war. In dem Schloss – einst Benediktinerinnenkloster, später herzogliches Gut – hat das Biosphärenreservat Rhön eine Infostelle und zeigt eine Ausstellung (Mo bis Fr 9 – 17, Sa/So 13 – 17 Uhr, ✆ 03 69 64 / 9 35 10).

Apropos Holz: Das direkt benachbarte **Schnitzerdorf Empfertshausen** ist die zweite exklusive Berühmtheit hier. Das Holzschnitzermuseum zeigt die örtliche Tradition (Mi, Do, Fr 13 – 17 Uhr, sonst nur nach Anmeldung ✆ 03 69 64 / 9 30 78). Schnitzkurse für Kinder und Erwachsene (nur Februar bis Oktober). In der Berufsschule werden hier bis heute Holzbildhauer ausgebildet.

Die braune Rhön-Geschichte kann man am 1935 vom NS-Architekten Ernst Flemming aus Basalt erbauten burgähnlichen Gasthof **Katzenstein** ablesen. Die in Thüringen bereits seit 1932 regierenden Nazis hatten ihn als rechte Herberge und als „Ehrenburg" einer neuen Siedlung arischer Musterhöfe geplant. Der NSDAP galt die Rhön-Bevölkerung als rassisch minderwertig; nur der Krieg stoppte die im „Rhön-Plan" vorgesehenen Vertreibungen und Zwangssterilisationen. Die SED nutzte den Nazi-Bau als Erholungsheim für verdiente Stasi-Mitarbeiter. Außer dem Bau selbst erinnert heute nichts an die Geschichte.

Wandern & Radeln

Nach Zella kommt man aber wegen der grünen Gegenwart und zum Wandern. Die Tour auf besagtem Rundweg (große Schleife ➡ 4,5 Kilometer) dauert 2 Stunden, in den bekannten „Hochrhöner"-Weg kann man ➡ 2 Kilometer nördlich Brunnhartshausens einsteigen.

Produkte der Empfertshäuser Schnitzkünstler begegnen einem hier häufig, oft stehen Skulpturen und Kunst-Installationen am Wegesrand. Etwa auf der **Kunstmeile** nahe dem Katzenstein. Auf einer relativ flachen **Holzkunstroute** geht es von Zella über das Holzschnitzerdorf Empfertshausen ins ➡ 3,5 Kilometer südlich gelegene Klings (siehe Seite 40). Unterwegs erheitern mundartliche „Rhöner Spruchtafeln" die Wanderer. Detaillierte Wander-Infos gibt es in der Propstei.

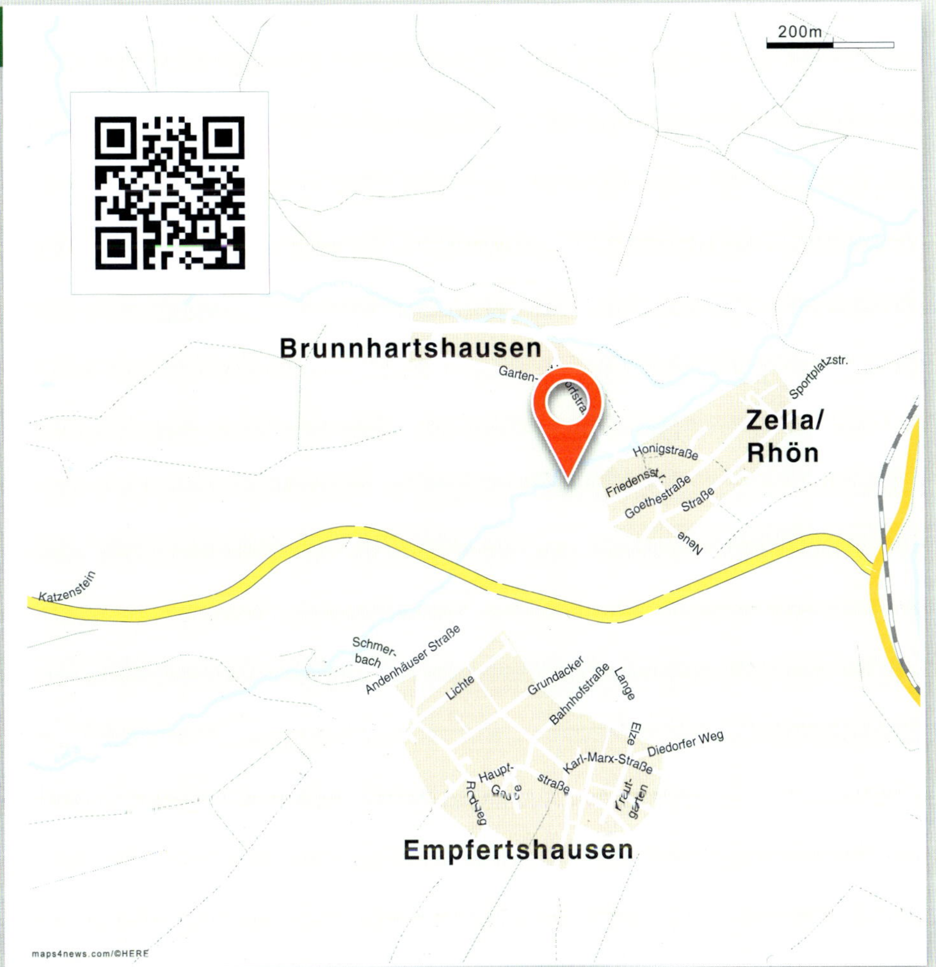

Essen & Trinken

Nahe der Bank: Klosterschenke Zella (✆ 03 69 64 / 9 32 09) oder gleich nebenan das Gasthaus Schäfer (✆ 03 69 64 / 9 31 15).

In der Umgebung: Der Nazi-Bau auf dem Katzenstein ist heute ein Hotel-Restaurant mit Biergarten (täglich 11 – 22 Uhr, ✆ 0 369 64 / 9 90, ➡ 2,5 Wanderkilometer über Brunnhartshausen). Ebenso weit entfernt ist die Dermbacher Hütte auf dem unbewaldeten Gipfel des Gläser (So/Feiertag 10 – 17 Uhr).

Anfahrt & Lage

Auto: Bitte verwechseln Sie unser Zella nicht mit dem Ort Probsteizella an der Werra nördlich von Creuzburg (wo es übrigens keine Propstei mehr, aber einen Landgasthof „Probstei Zella" gibt) und auch nicht mit Probstzella bei Saalfeld. Das Rhöner Zella liegt an der B 285 ➡ 6 Kilometer südlich von Dermbach. Von Osten und Süden nähert man sich über die A 71 und dann über Kaltennordheim (➡ 36 Kilometer ab Abfahrt Meiningen Nord).

Die Bank steht direkt am ausgeschilderten Rundwanderweg zwischen Zella und Brunnhartshausen, wenige Minuten zu Fuß vom Dorf.

Bahn, Bus, Rad: Nur für Hartgesottene. Kaum Busse. Flachste Rad-Anreise ab Bad Salzungen ➡ 23 Kilometer (⬆ 320 Meter, ⬇ 120 Meter). E-Bike-Ladestation am Schloss!

Inselsberg und Thüringer Wald, Werratal und Dolmar:
Das Panorama vom Clasberg bei Friedelshausen in der Vorderrhön.

Friedelshausen

Clasberg, Friedelshausen

Friedelshausen liegt zwischen Rhön und Werratal. Inmitten der sanften Hügel der Vorderrhön thront, eingebettet in Kiefernwald und bewachsen mit Silberdisteln, das Clasberg-Plateau auf 547 Metern. Flurnamen erinnern hier daran, dass es vor der Reformation Wallfahrten und Wallfahrtskapellen gab. Auf dem Berg bei Friedelshausen stand eine Kapelle, die dem heiligen Nikolaus geweiht war – daher stammt der Name Clasberg, wo auch ein Gesundbrunnen gewesen sein soll. Heute sind zwar keine Überreste mehr zu sehen – dafür unsere Aussichtsbank, die hier oben steht.

Die schöne Aussicht

... erstreckt sich bis zum Pleßberg bei Roßdorf, zum Thüringer Wald und zum Inselsberg. Bei klarem Wetter sieht man das Ringberghaus in Suhl, den Dolmar-Gipfel und die Schanzenanlage Oberhof. Nicht nur am Tag ist die Aussicht weitläufig, sondern auch nachts. Der Berggipfel ist ideal für Sterngucker und Hobbymeteorologen. Vorne blickt man, im unteren Teil eines reizvollen V-Ausschnitts , den die Hügel hier bilden, das idyllische Dorf Friedelshausen mit seinen rund 300 Einwohnern.

Aktivitäten & Ausflüge

Unweit des Berges, zwischen Friedelshausen, Oepfershausen und Kaltenlengsfeld liegt der **Große Stein**. Ein Granitfelsen, um den sich eine Sage dreht, in dem es einem Zwerg nach Menschenblut dürstet. Überhaupt kursieren in dieser abgelegenen Region viele Sagen und alte Geschichten. Auch der Rhönpaulus soll hier gewesen sein – er genießt heute den Ruf des Robin Hoods der Rhön. Im **Museum der Thüringischen Rhön** im 15 Kilometer entfernten Dermbach können Besucher alles über ihn erfahren (Di bis Fr 10 – 16, Sa 10 – 14 Uhr, ✆ 036964/86286).

Der Platz unter der mächtigen Dorflinde in **Friedelshausen** diente um 1250 als Zentgericht für das Amt Sand, nach dem die heutige Verwaltungsgemeinschaft benannt ist.

Der Nachbarort Oepfershausen ist bekannt durch seine **Kunststation** mit seiner Keramik- und Lithografiewerkstatt. Es gibt laufend Kurse, Ferienangebote, Workshops und Ausstellungen (www.kunststation-oepfershausen.de, ✆ 036940/50224).

Wandern & Radeln

Der Bank-Standort liegt genau auf der Route des Premium-Wanderweges **Vorderrhönweg** mit seinen vielen Hutebuchen und Schafswiesen. Der Weg ist ein Abstecher („Extratour") des Hochrhöners, die via Opeferhausen und den Hahnberg führt (Rundweg ➡ 18 Kilometer, ⬆⬇ je 415 Meter).

Wer die Aussicht ohne langen Marsch genießen möchte, läuft vom Parkplatz (siehe unter „Anfahrt") über die sogenannte Hut mit ihren markanten Obstbäumen und ein kleines Brückchen über den Bach Wurmling in 15 bis 20 Minuten hinauf zum Clasberg-Gipfel.

Essen & Trinken

Nahe der Bank: Gaststätten gibt es leider keine. Im Sommer versorgen die Vereine des Nachbarortes Hümpfershausen ihre Gäste immer sonntags auf dem knapp 4 Kilometer entfernten Berghäuschen mit Kaffee und Kuchen. Auch als Übernachtungsmöglichkeit dient die Hütte (✆ 0175/4170815). Außerdem gibt es im Ort das Schloss Sinnerhausen. Dort kann übernachtet und gegessen werden (Voranmeldung). Mehr unter www.huempfershausen.de. In Friedelshausen gibt es einen kleinen Dorfladen mit allem, was ein Picknick braucht (Mo bis Fr 8 – 11 und 16 – 18 Uhr, Sa 8 – 11 Uhr).

In Kaltensundheim: 11 Kilometer vom Clasberg entfernt lockt der Landgasthof „Zur Guten Quelle" mit Rhöner Fleischhütes mit Lauchsoße (✆ 036946/3850, Mo Ruhetag).

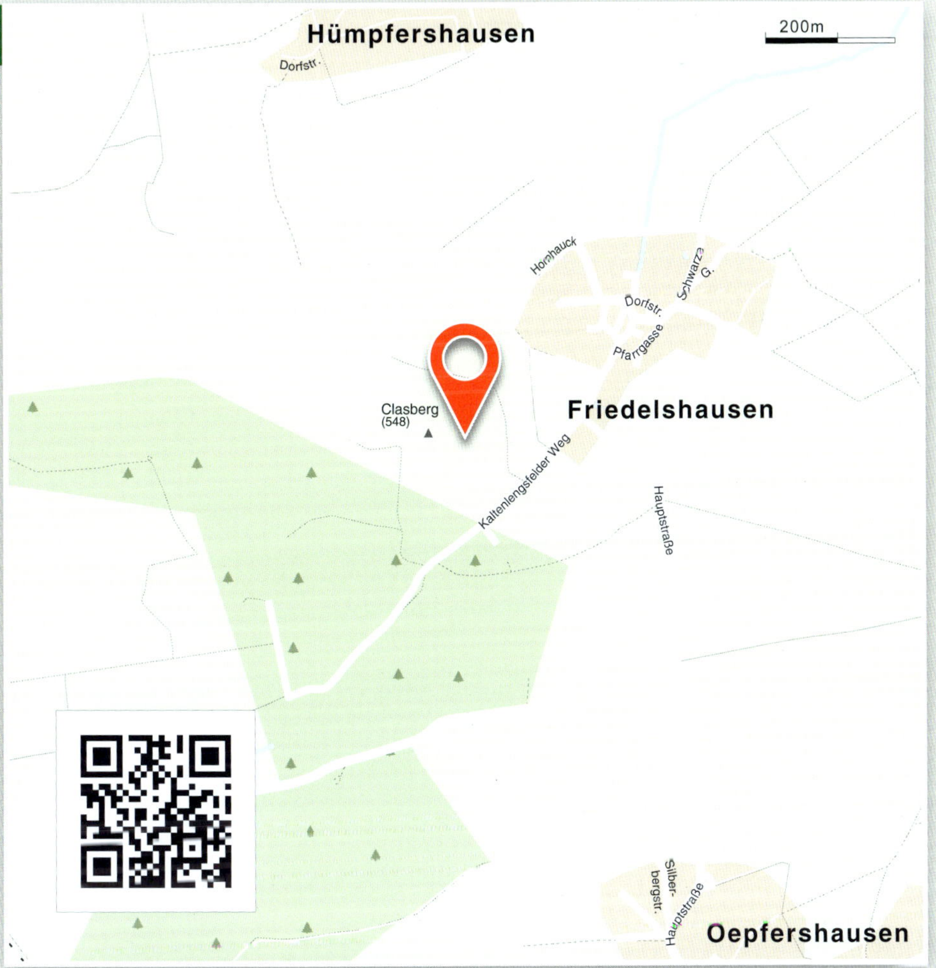

Anfahrt & Lage

Auto: Nach Friedelshausen gelangt man mit dem Auto über die B 19 (Wasungen oder Schwallungen), anschließend nach Schwarzbach und Friedelshausen. Am Ortsausgang Richtung Oepfershausen befindet sich rechterhand der Parkplatz an der Rudolf-Baumbach-Hütte. Aus der Rhön fährt man über die B 285 (Kaltensundheim, Kaltennordheim) nach Kaltenlengsfeld und dann linkerhand zum Parkplatz. Von dort aus geht es zu Fuß in 15 bis 20 Minuten hinauf zum Clasberg-Gipfel.

Bahn, Bus, Rad: Der nächste Bahnhof ist im ➡ 13 Kilometer entfernten Wasungen (Werrabahn, stündlich zwischen Eisenach und Eisfeld). Radfahrer müssen von dort ⬆ 280 Höhenmeter bis zum Clasberg bewältigen. Busse von Wasungen nach Friedelshausen und zurück fahren nur Mo bis Fr (Fahrplan: www.mbb-mgn.de).

. . . und sonst?

Am Himmelfahrtstag zieht es viele über den Clasberg zum Hümpfershäuser Häuschen. Im nahen Kaltennordheim ist an den Pfingsttagen zum Heiratsmarkt viel los. Immer am Pfingstmontag treffen sich die Friedelshäuser und ihre Gäste auf dem Sängerplatz am Fuße des Clasberges, um dort gemeinsam zu singen und um das ein oder andere Eierbier zu trinken.

Die Rhön, wie sie schöner nicht vorstellbar ist. Panoramablick vom Hohen Rößbergkreuz zwischen Gotthards und Ketten aufs Geisaer Amt:

Rößberg, Ketten

Diese Aussicht ist quasi die westlichste Thüringens – und was für eine! Wenige Meter südlich des 639 Meter hohen Gipfels des Rößbergs beginnt bereits Hessen. Die frommen Kettener hatten auf dem Gipfel im Jahr 1947 ein Kreuz als Gottesdank nach dem Krieg errichtet, im Jahr 2010 wurde es erneuert. Gleich unterhalb dieses „Hohen Rößbergkreuzes" steht unsere Aussichtsbank, am Boden umrahmt von den Überresten des alten Kreuzes.

Die schöne Aussicht

...ist möglicherweise die schönste der vielen schönen, die die Rhön zu bieten hat. Faszinierend, wie sich hier die typischen Basaltkegel die Obstwiesen, die Wolken und die Weite zu einem Natur-Kunstwerk fügen. Beeindruckend bei Sonne, bei Nebel, selbst im Winter. Wenn Sie noch nicht wussten, was mit „Land der offenen Fernen" gemeint ist: Dort erfahren Sie's. Das Kreuz unterstreicht den beinahe meditativen Charakter des Ortes. Deutlich sieht man den Verlauf der einstigen DDR-Grenze. Wer genau hinsieht, erkennt die Standorte der von der SED geschleiften Höfe und Dörfer.

Aktivitäten & Ausflüge

Wir sind mittendrin in der katholischen Rhön, im Geisaer Amt. In **Ketten** mit seinen gerade mal 200 Einwohnern gibt es eine winzige Kirche

Rößberg, Ketten bei Geisa

und eine von den Dorfbewohnern angelegte Mariengrotte. Originell ist das **Spaßmuseum Heile Schern** im Nachbarort Spahl, ein Kuriositätenkabinett mit Gaststätte (Di bis So 12 – 20 Uhr, ✆ 03 69 67 / 5 10 88). Abkühlung gibt es im kleinen beheizten Freibad in Gotthards (➡ 4 Kilometer, Sommer täglich 10 – 19 Uhr).

Rund ➡ 10 Kilometer sind es bis **Geisa**, zu dem Ketten gehört, ein Rundwanderweg ist ausgeschildert. Das sehenswerte Städtchen hat ein neues Stadtmuseum, ein Carillon (eine Art Glockenspiel) in der Stadtpfarrkirche, eine mittelalterliche Gerichtsstätte und einen hübschen Park in der Ulsteraue zu bieten. Die Mahn- und Begegnungsstätte **Point Alpha** am einstigen US-Horchposten am „Fulda Gap" dokumentiert Kalten Krieg und Grenzregime (April bis Oktober täglich 9 – 18, sonst 10–17 Uhr, im Winter Mo zu, ✆ 06651 / 919030).

Rund ➡ 9 Kilometer von Ketten entfernt liegt das Städtchen **Tann** mit imposantem Stadttor, Museumsdorf und schönen Straßencafés.

Wer von weiter her anreist, mag seine Landpartie zum Rößberg vielleicht verbinden mit einem Besuch in Hünfeld mit dem **Konrad-Zuse-Museum** (➡ 17 Kilometer) oder gar in der ziemlich nahen Barockstadt **Fulda** (➡ 25 Kilometer).

Wandern & Radeln

Eine schöne Wanderung (➡ 4 Kilometer, ⬆ 199 m) beginnt am Parkplatz Bildtanne -zwischen Ketten und Gotthards, direkt an der ehemaligen innerdeutschen Grenze. Auf dem Kolonnenweg geht es zum Rößberg hinauf und dann rechts herum wieder hinunter. Oder man zieht den Rundweg-Kreis etwas weiter und wandert durch Ketten, wo man auch an der Kirche parken kann; unterwegs Rastgelegenheit an der Hubertushütte (➡ 6 Kilometer):

Über den Premiumwanderweg **Point-Alpha** (➡ 15 Kilometer) kann man die Grenz-Gedenkstätte und einen „Weg der Hoffnung" mit imposanten Skulpturen erreichen.

Essen & Trinken

Nahe der Bank: Hervorragend einkehren kann man im Dorf im Landgasthof Stehling samt Bauernladen und legendär guter hausgemachter Bratwurst (Do bis So ab 17 Uhr, ✆ 03 69 67 / 5 20 56).

Anfahrt & Lage

Auto: Ketten liegt so weit westlich, dass Auswärtige es fast nicht mehr in Thüringen vermuten würden. Von der A 71-Abfahrt Mei-

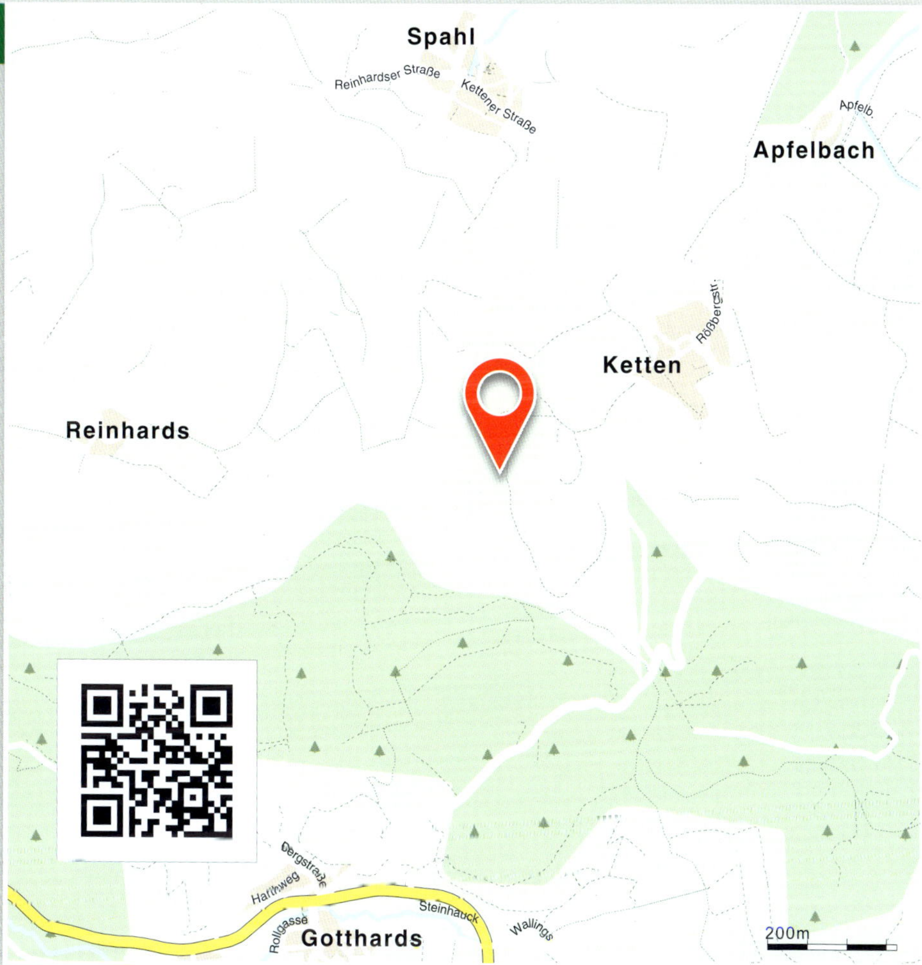

ningen-Nord sind es ➡ 50 Kilometer über Kaltensundheim, Unterweid, Wendershausen, Lahrbach und Habel. Aus dem Raum Salzungen/ Schmalkalden fährt man über Dermbach, Geisa , Motzlar und Apfelbach. Das Rößberg-Kreuz ist zu Fuß oder mit dem Rad zu erreichen. Vom Dorf Ketten (⬆ 200 m) oder alternativ dem bereits genannten Parkplatz Bildtanne (⬆ 100 m) sind es jeweils knapp 1,5 Kilometer.

Bahn, Bus, Rad: Die Busverbindungen nach Ketten sind miserabel. Der nächstgelegene Bahnhof, Hünfeld (➡ 17 Kilometer, ⬆ 430 m, ⬇ 90 m) ist von Thüringen aus nur umständlich über Eisenach und Bebra zu erreichen. Von Wernshausen an der Werrabahn sind es äußerst sportlich-bergige ➡ 40 Kilometer quer durch die Thüringer Rhön (⬆ 890 m, ⬇ 550 m).

Nach Geisa fahren aber Busse, die Räder gratis mitnehmen, auch Sa und So: Linie 117 ab Vacha mit Anschluss von Bad Salzungen (dort zur Werrabahn). Fahrplan: www.vgwak.de.

... und sonst?

Ein besonderes Erlebnis sind die Carillon konzerte in Geisa (mehrmals jährlich meist sonntags um 15 Uhr, Termine unter www.glockenspiel-geisa.de). Ebenfalls in Geisa: Flohmarkt am ersten Samstag des Monats. In Tann feiert man im September Stadtfest.

Holzkunst aus der Region, verträumte Blicke ins Land und ein Dorf mit Überraschungen: Beste Aussichten an der Klingser Hütte.

Altenberg, Klings

Altenberg, Klings

Die „offenen Fernen“ der Rhön sind oft beschrieben worden. In der Nähe von Kaltennordheim gibt es sogar ein Kunstwerk, das so heißt. Auf halber Strecke zwischen dem Dorf Klings und der auf 575 Metern Höhe gelegenen Altenberg-Baude, auch Klingser Hütte genannt, findet sich eine hölzerne Skulptur von Reinhard Berkes. Genau hier steht unsere Bank südöstlich des Dorfes.

Die schöne Aussicht

…bietet einen spektakulären Nord-Blick ins Tal der Felda, jenes Flüsschens, das in Süd-Nord-Richtung zur Werra fließt. Klings und Diedorf liegen zu Füßen, hinten ist Dermbach zu sehen. Weiter links Empfertshausen, Andenhausen und die Dörfer nördlich von Tann. Der Klingser Basaltsteinbruch unterhalb des Ortes ist zu erkennen und der nahe Berg Höhn mit seiner markanten Klippe. Bei guter Sicht blickt man oben am Berg bis zur Wartburg.

Aktivitäten & Ausflüge

In Zella darf man sich natürlich die barocke **Propstei** nebst Kirche nicht entgehen lassen (mit Infostelle des Biosphärenreservates Rhön, Mo-Fr 9 – 17, Sa/So 13 – 17 Uhr, ✆ 03 69 64 / 9 35 10). Details siehe Seite 28.

Sehenswert ist auch **Kaltennordheim**, das ➡ 5 Rad-/Auto- oder ➡ 4 Wanderkilometer entfernt liegt (⬆ 190 Meter, ⬇ 80 Meter). Details dazu auf Seite 48. In **Tann** (➡ 15 Auto-Kilometer) gibt es ein Rhöner Museumsdorf (Ende März bis Allerheiligen, Di bis So 10 – 17 Uhr) ein schickes Stadttor und schöne Brunnen.

Wandern & Radeln

Der ➡ 2,5 Kilometer von der Bank entfernte Höhn lohnt einen Wander-Abstecher wegen der Überreste der **Fischburg**, einer fuldischen Ritterburg aus dem 14. Jahrhundert.

Klings liegt am Ende der Rhöner **Holzkunstroute** von Zella über das Holzschnitzerdorf Empfertshausen. Wer so wandert (➡ 5 Kilometer von Zella bis zur Bank), sieht neben der Berkes-Skulptur noch weitere.

Besonderen Charme hat der ehemalige **Grenzstreifen**, der nicht umsonst auch „Grünes Band“ heißt Den auf Seite 42 beschriebenen Grenzpostenweg in der Nähe des Horbels erreicht man nach ➡ 4 Kilometern, wenn man Klings über die Lindenstraße oder die Sportplatzstraße verlässt (⬆ 170 Meter, ⬇ 70 Meter). Dort kann man vielleicht auch Einheimische fragen, warum die Verlängerung letzterer eigentlich Wodkaweg heißt.

Ehrgeizige Wanderer gehen weiter nach **Tann** (insgesamt 12 entweder sehr bergige Kilometer über den Daden- und den Engelsberg oder etwas flachere über Dietgeshof, ⬆ 230 Meter, ⬇ 390 Meter).

Rund um die Baude sind winters 30 Kilometer **Skiwanderwege** präpariert. Einstiegsmöglichkeiten an der Wetterwarte in Kaltennordheim, am Kindergarten in Klings oder am Parkplatz „Tannerstraße“, direkt an der ehemaligen innerdeutschen Grenze.

Essen & Trinken

Nahe der Bank: Da wäre natürlich die am 7. Oktober 1989 eröffnete Altenberg-Baude am Berg oberhalb der Bank, erreichbar in weniger als 10 Minuten. Ganzjährig servieren die Wanderfreunde Klings dort So von 13 – 18 Uhr Kuchen, Bockwurst und Getränke.

In der Umgebung: Mitten in Klings befindet sich eine Attraktion, die man hier kaum erwartet: Ein spanisch-baskisches Restaurant. „La Taberna Española“ bietet etwa gegrillten Thunfisch und natürlich Tapas und Paella, letztere für mindestens zwei auf Vorbestellung eine Stunde zuvor (Do/Fr 17 – 23, Sa 11.30 – 24, So 11.30 – 23 Uhr, ✆ 03 69 66 / 83 41 74).

Wer's lieber konventionell-deftig mag, kehrt zum Beispiel in der Klosterschenke Zella ein (✆ 03 69 64 / 9 32 09) oder im Hotel

Katzenstein oberhalb von Andenhausen (täglich 11 bis 22 Uhr, ✆ 036964/990, zur Geschichte des Hauses siehe Seite 28).

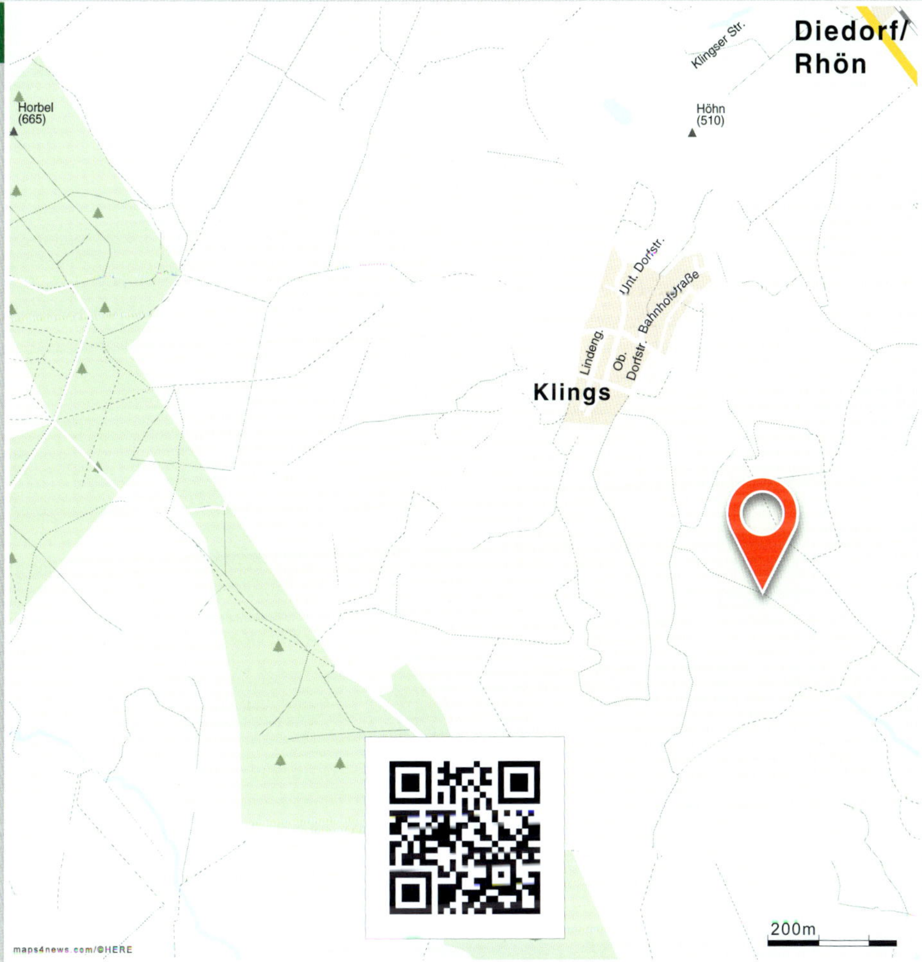

Anfahrt & Lage

Auto: Klings erreicht man von Norden über Dermbach, von Süden und Osten via Kaltennordheim. Von der A71-Abfahrt Meiningen Nord sind es ➡ 36 Kilometer, von Bad Salzungen ➡ 23 Kilometer.

Die Bank erreicht man nach 30-minütigem Spaziergang (➡ 2 Kilometer, ⬆ 110 Meter) ab der Ortsmitte von Klings, wo man sein Auto am besten abstellt.

Bahn, Bus, Rad: Klings hat zwar eine Bahnhofstraße, aber keinen Bahnanschluss. Von den nächstgelegenen Bahnhöfen Bad Salzungen und Wernshausen sind es jeweils rund ➡ 25 anstrengende Rad-Kilometer, der Weg von Bad Salzungen ist mit ⬆ 450 Höhenmetern rauf und ⬇ 130 runter noch der flachste. Die Busanbindung ist schlecht

... und sonst?

Klings feiert seine Kirmes Mitte August. Ab und zu sind Events in der Propstei Zella, und natürlich organisiert das Biosphärenreservat allerlei www.biosphaerenreservat-rhoen.de.

Von der „Kaltennordheimer Hut“ schaut man nicht nur auf Höhn-Berg und Feldatal, sondern hat auch Einblick in die Geschichte.

Kaltennordheim

Die sanften Rücken der Rhöner Berge mit ihren weichen Übergängen lassen einen mitunter leicht vergessen, an welchem man gerade steht. Diesmal ist es der Pinzler, von dessen 661-Meter-Gipfel eine Hochebene nach Osten abgeht. Auf halber Strecke zwischen Pinzler-Spitze und Kaltennordheim im Feldatal, auf der „Kaltennordheimer Hut", steht unsere Aussichtsbank.

Die schöne Aussicht

...geht nach Norden ins Tal der Felda, die in Süd-Nord-Richtung zur Mündung in die Werra in Dorndorf fließt. Das Panorama befindet sich quasi eine Stufe höher als jenes vom Altenberg bei Klings aus Seite 40. Die Orte Klings, Empfertshausen, den Windberg sieht man, hinten die Dörfer und Berge jenseits der Felda. Der Höhn mit seiner unübersehbaren Klippe springt ins Auge. Ganz links das thüringisch-hessische Gebiet um den Horbel.

Aktivitäten & Ausflüge

Wir befinden uns hier zwischen Hoher Rhön und Vorderrhön. Geht man vom Bank-Standort bergan Richtung Pinzler, trifft man nach wenigen hundert Metern auf eine Grillhütte, die auf dem Wüstungs-Gelände des ehemaligen **Marschlerhofs** steht. Benannt nach dem damaligen Thüringer Ministerpräsidenten Willy Marschler (NSDAP), sollte dieser Lehr-Bauernhof ab 1938 nationalsozialistisches Gedankengut und landwirtschaftlichen Fortschritt in die Rhön bringen. Die SED ebnete die Gebäude 1952 ein, auch wegen der Lage im Sperrgebiet. Heute verweist nur noch ein Schild auf die braune Vergangenheit. Auf weiteren Schildchen kann man sich übrigens über Rhöner Sprüche auf Platt amüsieren.

Ein anderes Braun spielte ebenfalls eine Rolle: Zwischen dem 17. Jahrhundert und dem Jahr 1926 wurde hier Braunkohle abgebaut, nach 1945 gab es einen vergeblichen Wiederbelebungsversuch. Sogar Goethe begutachtete 1780 und 1782 für seinen Herzog die **Braunkohlezechen** in dem damals zu Sachsen-Weimar-Eisenach gehörigen Gebiet. Eine kleine Lore erinnert noch heute an die Zeit.

Und da ist natürlich das 2000-Einwohner- Städtchen **Kaltennordheim** selbst, dessen Zentrum rund ➡ 3 Kilometer von der Bank entfernt ist. Ein schlichtes Schloss an der Stelle der einstigen Merlinsburg beherbergt Tourist-Info, Heimatmuseum und eine 500-jährige Linde (✆ 036966/81220). Am östlichen Ortsrand lockt ein **Freibad** (bei Badewetter ab 14 Uhr, Sa/So schon ab 10 Uhr, ✆ 036966/84294). Und da ist die **Rhönbrauerei**, die Besichtigungen anbietet (Mo bis Sa 10–18 Uhr nach Anmeldung unter ✆ 036966/83490).

Kaltennordheimer Hut

Wandern & Radeln

In der Jetztzeit ist die Lage nahe am **Hochrhöner-Wanderweg** die Attraktion. Nördlich geht es im weiten Bogen zum ➡ 15 Kilometer entfernten Gläserberg samt Dermbacher Hütte. Unterwegs passiert man die urige **Hexenlinde** an der hessisch-thüringischen Grenze, umrundet den Horbel und folgt dem einstigen Grenzpostenweg bis Andenhausen.

In Südrichtung führt der Hochrhöner über Mittelsdorf zum 813 Meter hohen **Ellenbogen** (➡ 11 Kilometer). Beide Touren (gelbes Ö) sind etwas für ambitionierte Tageswanderer, ebenso wie der Ausflug ins ziemlich hübsche Städtchen **Tann** (➡ 11 Kilometer zu Fuß oder ➡ 15 Kilometer per Auto oder Fahrrad). Von April bis Oktober locken dort ein Rhöner Museumsdorf (Di–So 10–17 Uhr), ein kleines Grenzmuseum mit Sperranlagen-Modell (nur Fr 10.30 Uhr, mit Führung, ✆ 06682/961112).

Essen & Trinken

In der Umgebung: In Kaltennordheim empfiehlt sich das Gasthaus Zum Hirsch (auch

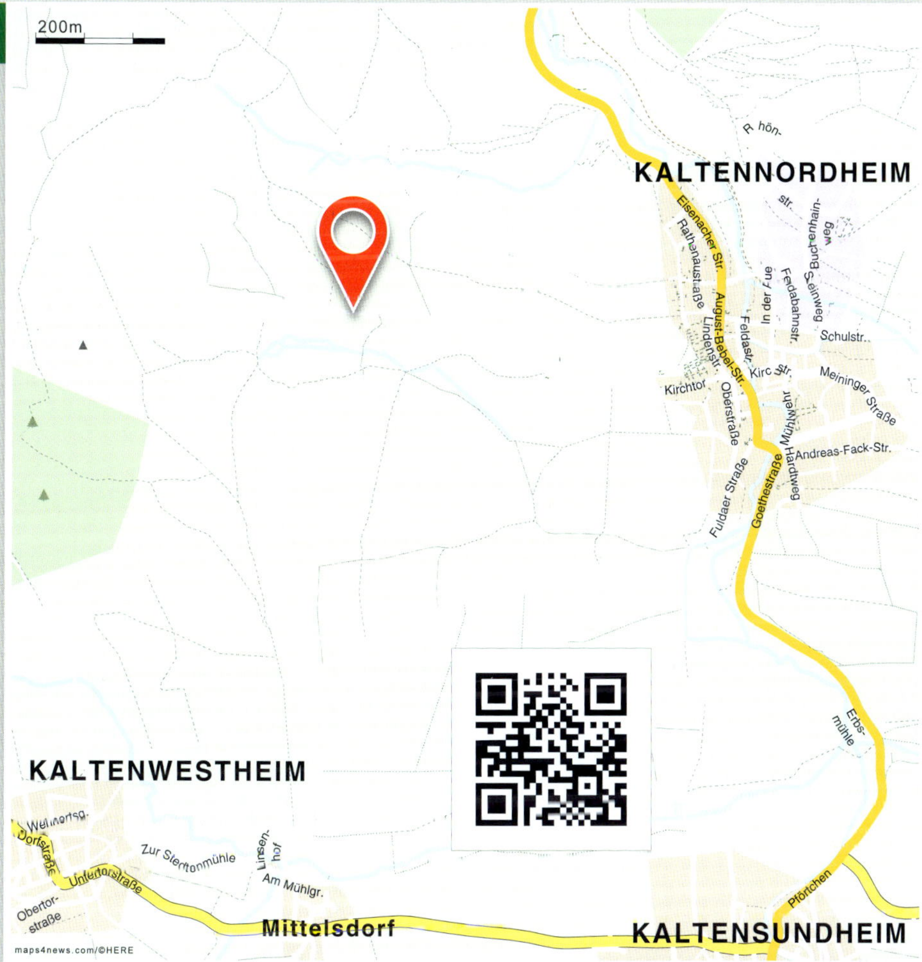

Steaks und Burger, ✆ 036966/274897, Do Ruhetag, Mo nur abends). Die Dermbacher Hütte (siehe „Wandern“) öffnet 10–17 Uhr an Sonntagen und an vielen Feiertagen, ✆ 036964/93784).

Anfahrt & Lage

Auto: Von der A 71-Abfahrt Meiningen-Nord sind es ➡ 30 Kilometer bis Kaltennordheim. Den Ort verlässt man über die Straßen Kirchhof und Kirchtor und sucht sich im Wald einen Parkplatz; zur Bank läuft man nicht weit.

Bahn, Bus, Rad: Busse fahren ab Bad Salzungen, am Wochenende aber nur selten (kostenlose Fahrradmitnahme). Von der Stadtmitte zur Bank sind es ➡ 2 Kilometer zu Fuß oder per Fahrrad (⬆ 100 Meter). Sportliche Radfahrer ächzen die ➡ 22 Kilometer rhönaufwärts (⬆ 390 Meter, ⬇ 130 Meter) vom nächsten Bahnhof Wasungen im Werratal.

... und sonst?

Auf dem Bank-Gelände richtet der Rhönklub jährlich an einem Sommer-Sonntag das „Hutfest“ aus, treffen sich ab 11 Uhr zahlreiche Wanderfans. Und zu Pfingsten sollten Sie den Heiratsmarkt in Kaltennordheim nicht verpassen, das größte Volksfest der Thüringer Rhön mit einer mehr als 450 Jahre alten Tradition.

Arche, Lotte, Felda, Hohe Geba, die Frauen vom Wetzstein: Sind Ausblicke und Aktivitäten in Kaltenwestheim so schön, weil sie weiblich sind?

Kaltenwestheim

Schafscheune, Kaltenwestheim

Mitten in der Rhön braucht nicht jeder Hügel einen Namen. Selbst wenn er so hübsch im Biosphärenreservat liegt wie in diesem Fall nordwestlich von Kaltenwestheim. Oberhalb einer ehemaligen Schafscheune („Schafscherrn“), die heute als Kultur-Hütte dient, wachsen kräuterreiche Wiesen. Die Natur hat hier, auf 550 Metern Höhe, ein sonniges Plätzchen hergerichtet für unsere Aussichtsbank, auf Kalksteinplatten fest verankert.

Die schöne Aussicht

…ist vielleicht nicht die berühmteste der Region, aber mit dem Wort „traumhaft“ nicht zu überschwänglich beschrieben. Die Blickrichtung geht nach Osten und Südosten. Kaltenwestheim liegt zu Füßen, dahinter runde Hügel wie Leichelberg und Diesburg. Die Lotte und die Felda schlängeln sich durch ihre Täler, die Hohe Geba – noch eine feminine Schönheit – ist zu sehen. Erst weiter hinten dann der männlich-dunkelgrüne Thüringer Wald.

Aktivitäten & Ausflüge

Auf gar keinen Fall verpassen sollten Sie die **Arche Rhön**, dem noch recht neuen **Natur- und Erlebniszentrum Rhönwald** an der Straße nach Tann, keine ➡ 2,5 Wanderkilometer von der Bank entfernt. Wie ein alttestamentarisches Schiff ragt das Holzgebäude über dem Weidberg hervor. Drinnen wird spielerisch Wissen über die Rhön und ihre Natur vermittelt, drumherum gibt es in den und zwischen den Hütten vielfältige Anschau- und Mitmach-Angebote für die ganze Familie. Barfußpfad, Fledermaushöhle, riesiger Erlebnisspielplatz, interaktive Natur-Lehrtafeln: Langweilig wird's garantiert nicht. Geöffnet ist die Arche ganzjährig täglich von 10–17, Sa/So bis 18 Uhr. Die Erlebniswelt ist auch frühs und abends durch ein Tor mit Geldeinwurf zu betreten. Infos: www.arche-rhoen.de, ✆ 0151 / 57 88 31 77.

Absolut toll auch **Noahs Segel** auf dem Ellenbogen (➡ 5,5 Wander-Kilometer, ⬆ 290 Meter, ⬇ 30 Meter , siehe dazu Seite 50).

Die Grenzage zu Hessen hat in Kaltenwestheim eine lange Geschichte. Mitten im Dorf steht noch der **Wetzstein**, eine Säule, die der Graf von Henneberg 1463 den Kaltenwestheimer Frauen widmete, die ihren Männern zu Hilfe eilten, als die gegen die Herrschaft des benachbarten Tann aufbegehrten. Zum Ausflugsziel **Tann** (➡ 11 Auto-Kilometer) siehe Seite 44. **Kaltenwestheim** wurde 1796 durch einen Brand und 1945 durch Bomben zerstört und hat daher recht wenig alte Bausubstanz, die von der Natur drumherum ablenken könnte.

Wandern & Radeln

…kann man hier ohne Ende im weitgehend unbesiedelten Gebiet im Rhöner Dreieck Tann–Kaltennordheim–Kaltenwestheim. Keine ➡ 3 Kilometer sind es zum Beispiel hoch zum **Großen Huflar**, wo noch ein DDR-Wachturm daran erinnert, dass dort schon die hessische Rhön beginnt.

Der **Hochrhöner**-Fernwanderweg passiert Kaltenwestheim am östlichen Ortsrand. ➡ 13 Kilometer einfacher Weg sind es im Norden zum Beispiel bis Andenhausen. Ebenso lang ist die Süd-Wanderung bis zum **Schwarzen Moor** am Dreiländereck Hessen/Bayern/Thüringen (Details siehe Seite 60).

Von der Erlebniswelt aus lässt sich auf einem 18 Kilometer langen **Entdeckerpfad** die Umgebung erkunden und an 21 Stationen sein Wissen erweitern oder die Natur bestaunen.

Eine ➡ 5-Kilometer-Rundwanderung führt von der Bank über die Arche Rhön, einen „Rhöner Kinder- und Sagenweg“ und den Wetzstein am Rathaus.

Essen & Trinken

In der Umgebung: In der Erlebniswelt gibt es die urige Imbisshütte „Zum kleinen Wetzstein“ (April bis Oktober, Mi bis So, im Novem-

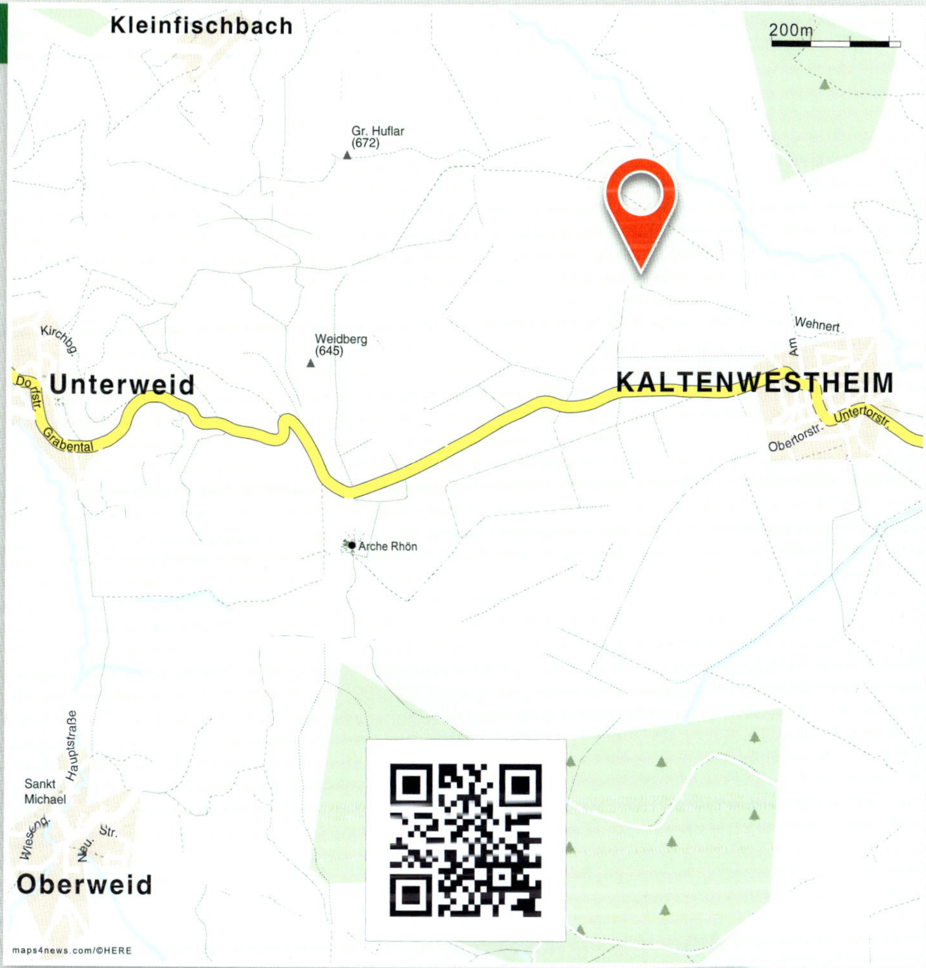

ber nur Sa/So, von Dezember bis März ist zu (✆ 0160/95716864). Die nächsten Restaurants sind die Gaststätte „Zum Wetzstein" im Fachwerk-Rathaus Kaltenwestheim (Do bis So, nur abends, ✆ 036946/24747) und der Landgasthof „Zur Guten Quelle" in Kaltensundheim (✆ 036946/3850, 11 – 22 Uhr, Mo Ruhetag).

Anfahrt & Lage

Auto: Kaltenwestheim liegt an der Route von Meiningen nach Tann und Fulda. Von der A71-Abfahrt Meiningen-Nord sind es ➡ 32, von der B 19 bei Walldorf ➡ 23 Kilometer. Der Bank- Standort liegt etwas mehr als einen Kilometer von der Ortsmitte entfernt (über Straße „Feldweg"). Man kann am Wetzstein parken, aber auch bis zur Scheune vorfahren. Von dort sind es dann noch 100 Meter bis zur Bank.

Bahn, Bus, Rad: Busse verkehren (selten) von und nach Meiningen (Linie 411, Fahrplan www.mbb-mgn.de).

... und sonst?

Die Schafscheune dient der Chorgemeinschaft Kaltenwestheim als Domizil. Dort wird gesungen und auch sonst allerhand Kultur gemacht. Immer mal wieder sind Ausstellungen zu sehen. Und in Erlebniswelt und Arche ist in der Saison natürlich immer etwas los.

Am „Weider Pfoad“ weist die Aussicht den Weg zu vielen Zielen.
Im Kern des Biopshärereservats mangelt es nicht an Attraktionen.

Oberweid

Am Weider Pfoad, Oberweid

Wir sind in der sozusagen unberührbaren Kernzone des Biosphärenreservats Rhön und unmittelbar an der thüringisch-hessischen Grenze. An den allernördlichsten Ausläufern des Espenhaucks (665 Meter) liegt die zu DDR-Zeiten geschleifte Ortschaft Ziegelhütte. Hier, in einer Niederung südwestlich des Dorfs Oberweid, am Rande des Wanderwegs nach Simmershausen, den sie hier „Weider Pfoad" nennen, steht unsere Aussichtsbank.

Die schöne Aussicht

...bietet entsprechend der Lage kein spektakuläres Berg-Panorama. Eher einen angenehmen Ruhepunkt mit Blick in die Täler der Flüsschen Weidbach und Anze mit ihren saftigen Wiesen. Man erblickt Oberweid, dahinter den Weidberg, an dem sich häufig die Regenwolken verfangen.

Aktivitäten & Ausflüge

Die Bank liegt zwischen zwei originellen Rhön-Attraktionen: Im Nordosten, ➨ 4 Wander-Kilometer von der Bank, die **Arche Rhön** auf dem Weidberg mit ihrem Rhönwald-Erlebnispark und dem Ausguck-Haus in Form eines Schiffsrumpfs. Ausführlich dazu Seite 46.

Im Südosten, knapp ➨ 4, mit ⬆ 280 Höhenmetern recht steile Wander-Kilometer ab der Bank, liegt der noch junge Arche-Zwillingsbruder **Noahs Segel** auf dem **Ellenbogen** mit seinem kurios geformten Aussichtsturm samt Panoramablick auf 830 Metern Höhe und Besucherzentrum (täglich 9 – 20 Uhr). Rauf geht's über eine Treppe, runter auch per Rutsche. Im Besucherraum kann man sich über Natur und Geologie der Rhön informieren. Info und Events: www.noahs-segel.de, ✆ 03 69 46 / 2 16 16

Autofahrer erreichen „Noahs Segel" übrigens nur von Süden her über die Straße Reichenhausen – Frankenheim; von Oberweid sind es so ➨ 14 Kilometer (über Hilders) bis zum Abzweig nördlich von Frankenheim. Letzterer Ort (siehe Seiten 56 bis 59) ist für Autofahrer daher der bessere, weil näherer Ausgangspunkt zum Ellenbogen.

Im Winter ist der Ellenbogen übrigens ein hervorragendes Langlauf-Revier.

Wandern & Radeln

Mittendrin dort, wo die Rhön am natürlichsten ist – das ist das Besondere an diesem Aussichts-Standort. Dass hier 40 Jahre lang der abgeschirmte Grenzstreifen verlief, tut dem Idyll heute gut. Man kann am einstigen Kolonnenweg entlanglaufen: Im Süden durchquert er das **Naturschutzgebiet Rhönwald** mit einem romantischen Basaltteich samt **Wasserfall**. Im Norden trifft man auf das Denkmal „Geschlossenes Band" von Waldo Dörsch; der durch den Erfurter Angerbrunnen und den Suhler Dianabrunnen bekannte Bildhauer stammt aus Oberweid. Oder man spaziert schlicht auf dem **Weider Pfoad** von der Bank nach Oberweid; einige gut erhaltene, uralte Fachwerkhäuser lohnen den Abstecher.

Oder man läuft westwärts nach Simmershausen oder ins ➨ 5 Kilometer entfernte **Hilders**, den größten Ort der Gegend, der sich selber „Wohlfühlgemeinde" nennt.

19 weitere Rhön-Highlights zwischen Birx und Oberweid sind mit dem 18 Kilometer langen **Entdeckerpfad Hohe Rhön** verbunden, der nahe der Bank verläuft.

An jedem ersten So im Monat (Mai bis Oktober) um 13 Uhr starten an „Noahs Segel" vierstündige geführte Wanderungen.

Essen & Trinken

In Oberweid: Der „Oberweider Handelshof" mit Hotel und Restaurant liegt mitten im Ort (✆ 03 69 46 / 2 62 11). Die „Silberdistel" im Süden des Dorfs bietet einen Biergarten (✆ 03 69 46 / 2 21 24).

In der Umgebung: Das „Thüringer Rhönhaus" nahe Noahs Segel ist eine naturnahe Gastro-Oase mit regionaler Küche (Mai bis

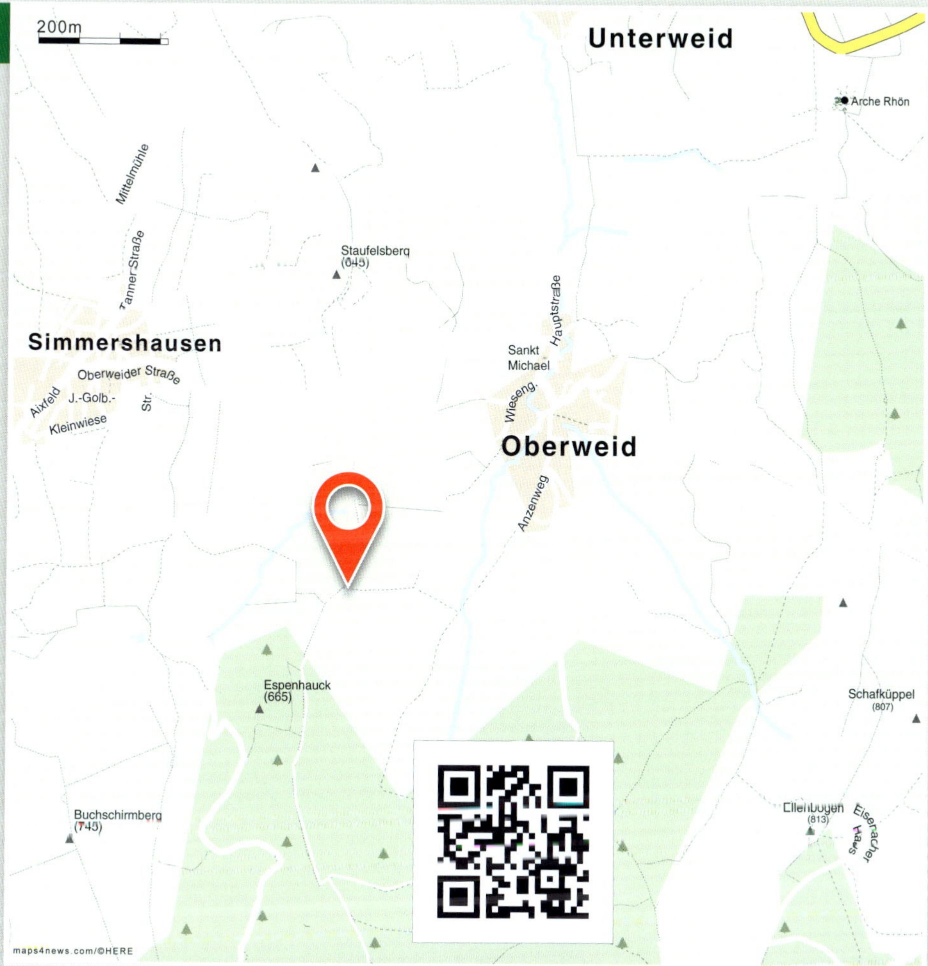

September täglich 11 – 20 Uhr, im Winter reduzierte Zeiten, ✆ 03 69 46 / 3 20 60)

Anfahrt & Lage

Auto: ➡ 40 Kilometer sind es von der A 71 Meiningen-Nord nach Oberweid (Richtung Fulda, hinter Kaltenwestheim am Abzweig Arche Rhönwald links). Autofahrer parken entweder an der Landesgrenze zwischen Oberweid und Simmershausen und laufen den Kolonnenweg südwärts. Oder man startet an der „Milchbank" in Oberweid und läuft den beschilderten „Weider Pfoad" bis zur Bank.

Bahn, Bus, Rad: Busverbindungen sind katastrophal, und Radfahrer müssen hier sehr, sehr sportlich sein oder ein kräftiges E-Bike haben. Von den Bahnhöfen Wasungen (Werrabahn) und Mellrichstadt (Regionalexpress aus Erfurt/Suhl) sind es gleichermaßen rund ➡ 30 Kilometer (⬆ 520 Meter, ⬇ 250 Meter. Bus-Fahrplan: www.mbb-mgn.de). E-Bike-Ladestation an „Noahs Segel".

... und sonst?

Bei der Oberweider Trachtenkirmes (Anfang Oktober) gibt es noch den Brauch des Gückelschlagens. Immer am 3. Oktober feiern Thüringer und Hessen an der einstigen Grenze zwischen Oberweid und Simmershausen.

Man sitzt in der Rhön und blickt auf Thüringer Wald und Dolmar:
Nordost-Panorama am Fuße der Kleinen Geba bei Herpf nahe Meiningen.

Kleine Geba, Herpf

Kleine Geba, Herpf

Die kleine Schwester des bekannteren Rhön-Gipfels Hohe Geba, die 510 Meter hohe Kleine Geba, liegt, langgestreckt in Nord-Süd-Richtung, wenige hundert Meter westlich von Herpf, dem Meininger Tor zur Rhön. Am Nordosthang des Berges, in der Herpfer Flur am Wanderweg nach Träbes, steht unsere Bank oberhalb eines Wiesengrundes. Wir sind hier auf kaum 400 Metern Höhe, am östlichen Rand des Biosphärenreservats Rhön.

Die schöne Aussicht

...schweift über die Graukuppe zum Dolmar auf der anderen Werraseite, links davon im Hintergrund der Kamm des Thüringer Waldes. Weiter rechts erstreckt sich hinter dem Berg Eichig das Dorfpanorama von Herpf, dahinter der Meininger Stadtwald.

Aktivitäten & Ausflüge

Hohe Geba, Stepfershausen, Herpf und Seeba: Inmitten dieses Rhön-Vierecks steht die Aussichtsbank, und hier finden sich auf wenigen Quadratkilometern etliche lohnenswerte Ziele. Alle sind mit dem Rad oder in einer Wanderung gut zu erreichen.

Wandern & Radeln

Das 900-Einwohner-Dorf **Herpf** hat hübsche Fachwerkhäuser, eine prächtige barocke Dorfkirche und eine Wehrkirche. Am Rande des Eichig nördlich des Dorfes sind keltische Hügelgräber zu entdecken (mit Informationstafeln). Man kann vom Dorf einen Rundweg im Uhrzeigersinn über den Abzweig vom Milseburgweg und den Bank-Standort unternehmen (insgesamt etwa ➡5,5 Kilometer, siehe Beschreibung unter „Anfahrt“).

Nahe der Bank verläuft der **Milseburgweg**, ein Fernwanderweg von Meiningen nach Fulda. Spaziert man von der Bank nach Westen und überquert dann nach links die Kleine Geba, trifft man auf das **Träbeser Loch**, einen fast 30 Meter tiefen, trockenen Erdfall von rund 80 Metern Durchmesser.

Kurz vor dem Loch führt links ein Weg den Katzenhang (einen beliebten Startort für Gleitschirmflieger) hinunter bis nach **Seeba**. Das winzige Dorf ist tatsächlich nach dem kleinen runden See am Ortsrand benannt, sozusagen der nasse Bruder des Träbeser Lochs. Hier kann man wandern, angeln, die Kinder spielen lassen, Bötchen fahren (➡3,5 Kilometer, ⬆150 Meter, ⬇150 Meter). Angelscheine gibt es an der Tankstelle in Dreißigacker.

Unbedingt lohnenswert ist ein Abstecher nach **Stepfershausen** mit seinen sage und schreibe 13 öffentlichen, funktionstüchtigen Laufbrunnen und netter Dorfkirche (➡3 Auto-Kilometer ab Herpf oder ➡4 Wander-Kilometer ab Bank übers Träbeser Loch).

Und klar, die magische **Hohe Geba** mit ihrem Plateau auf 751 Metern ist ein Pflichtbesuch hier, auch wenn das einstige Projekt eines „Schiefen Turms“ leider an der Missgunst der rhönfernen Landkreisbewohner gescheitert ist. Rhönkulturgarten, Druschba-Museum (das an die Zeit der Roten Armee hier oben erinnert), die Meininger (Übernachtungs-)Hütte, Sternen-Ausguck und im Winter ein Skilift, dazu die grandiose Rundum-Natur mit häufigem Nebel und scharfem Wind: einfach klasse. ➡5 Kilometer bei deutlichen ⬆360 Höhenmetern muss überwinden, wer von der Bank über das Träbeser Loch hierhin radelt oder wandert.

Essen & Trinken

In der Umgebung: Das ➡3,5 Kilometer von der Bank entfernte „Bootshaus am See“ am Seeba-See ist von Mai bis in den Herbst sonntags ab 14 Uhr zur Einkehr offen (✆ 0160/7669614).

Täglich geöffnet ist die ➡2 Kilometer von der Bank entfernten Träbeser Bauernstube mit schönem Wintergarten (durchschnittliche Thüringer Kost, ✆ 036943/63362).

Anfahrt & Lage

Auto: Herpf liegt an der Landstraße von Meiningen nach Fulda, von der A71-Abfahrt Meiningen-Nord sind es 15 Kilometer.

Das Auto parkt man in Herpf beim Bäcker beziehungsweise an der Grundschule und folgt dann von der Seebaer Straße für ➡ 1,5 Kilometer der Beschilderung des Milseburgweges Richtung Träbes. Dann links abbiegen, nach weiteren ➡ 750 m folgt die Aussichtsbank (Gesamt-Gehzeit 35 Minuten). Wer die Keltengräber besichtigt, kann von dort den grün markierten Weg nehmen.

Bahn, Bus, Rad: Brauchbare Busverbindungen von Meiningen nach Herpf nur Mo bis Fr (letzter Bus zurück vor 17 Uhr). An Ostern, Pfingsten, Himmelfahrt und 1. Mai pendelt eine Ausflugslinie zwischen Meiningen und Hoher Geba über Herpf. Fahrpläne: www.mbb-mgn.de). Radfahrer starten am besten an der Station Walldorf der Werrabahn, von dort sind es ➡ 7,5 Kilometer mit sehr leichter Steigung.

... und sonst?

Auf der Hohen Geba ist immer mal wieder was los, zum Veranstaltungskalender gehören Ostern, Himmelfahrt, Sonnenwendfeuer, ein Sommer- und ein Mondfest. Meiningen bietet – nicht nur im Theater – nahezu täglich besuchenswerte Kultur-Events.

Am Rande dreier Teiche in der Hohen Rhön, nahe dem Dreiländereck Thüringen–Hessen–Bayern, bieten sich dem Ausflügler Überraschungen.

Frankenheim

Frankenheim in der Hohen Rhön

Diesmal geht es nicht um einen Hang oder Hügel, sondern sozusagen um das ganze Dorf. Frankenheim ist nämlich das höchstgelegene der gesamten Rhön – und unsere schöne Aussicht und die dazugehörige Bank befindet sich am westlichen Ortsrand vor einer idyllischen Teichanlage. Der 1100-Einwohner-Ort liegt auf 750 Metern über dem Meeresspiegel.

Die schöne Aussicht

... geht deshalb nicht hinab und auch nicht besonders weit in die Ferne. Man ist sozusagen auf Augenhöhe mit der Hohen Rhön, deren Berge den Ort nur wenig überragen. Dafür weht einem hier reichlich frische Höhenluft um die Nase, und man hat die in dieser Region eher ungewohnte Aussicht auf Teiche, die übrigens die größten Gewässer weit und breit sind. Eine besondere Art von Ruhe und Erholung, die der Rhön-Ausflügler nach einer Wanderung oder einer Radtour hier im Biosphärenreservat genießt. Fernab von großen Verkehrswegen und dem Gewusel der Städte.

Aktivitäten & Ausflüge

Langweilig wird es einem hier keinesfalls. Vor allem an Familien haben die Touristiker gedacht und dafür die Natur ein wenig aufgepeppt. Der noch ziemlich neue Erlebniswanderweg **Entdeckerpfad** führt in unmittelbarer Nähe an der Bank vorbei. Nach 200 Metern erreicht man eine Station des Entdeckerpfades, die in einen neuen **Abenteuerspielplatz** integriert ist. Hier befinden sich zum Beispiel der „Milanflug“, eine Seilbahn für Kinder, und eine **Floßfähre**, die über einen eigens angelegten kleinen Tümpel führt. Beides ein Heidenspaß für die Kleinen.

Spaßig für die Größeren ist der Besuch am **Dreiländereck** südlich des Nachbarortes Birx. Es ist eher unauffällig markiert und etwas schwer zu finden, weil mitten im Wald gelegen (zu Fuß ➡ flache 5 Kilometer über den südlichen Frankenheiner Ortsausgang, per Auto ➡ 4 Kilometer über Birx). Von dort aus ist es nicht mehr weit zum **Schwarzen Moor**, einem beeindruckenden Naturschutz-Feuchtgebiet mit rauer Flora und reicher Tierwelt. Den Hochmoor-Naturlehrpfad (der wiederum auch für Kinder gut geeignet ist) erreicht man aus Richtung Norden. Parkplatz und Infozentrum (täglich 11–14 Uhr, ✆ 09 78 / 74 85 16) an der Straße Fladungen – Seiferts.

Wem's dort oben immer noch zu heiß ist, kann sich sommers in den **Freibädern** in Hilders und Fladungen abkühlen.

Der Ort **Frankenheim** selber ist eher unspektakulär, auffallende Zeugnisse alter Zeiten gibt es wenige. Frankenheim galt lange Zeit als ärmste Ortschaft der ohnehin nicht reichen Rhön.

Umso spektakulärer ist **Noahs Segel**. Der irre Aussichtsturm mit Röhrenrutsche liegt ➡ 4 Kilometer von der Aussichtsbank entfernt und ist vom Höhendorf bequem zu Fuß oder mit dem Fahrrad zu erreichen (⬆ 90 Meter, ⬇ 40 Meter). Für Autofahrer ist die Straße zwischen Reichenhausen und Frankenheim ohnehin der einzige Weg zur Arche (Abzweig etwa ➡ 2,5 Kilometer vor dem beziehungsweise vom Ortsausgang Frankenheim Richtung Meiningen). Zu Einzelheiten zu Noahs Segel siehe Seite 54. Auf keinen Fall verpassen!

Für einen perfekten Rhön-Ausflug geht's dann noch ins interessante **Freilandmuseum** im nahen Fladungen mit seinen Bauernhäusern und Gärten (➡ 7 Kilometer, Ostern bis Anfang November, täglich 9 – 18 Uhr, im April und Oktober Mo geschlossen, ✆ 09 7 78 / 9 12 30).

Wandern & Radeln

Ansonsten hat man von hier natürlich Zugang zu allen Attraktionen der Hohen Rhön, vor allem zu den vielen Mountainbike- und Wanderwegen.

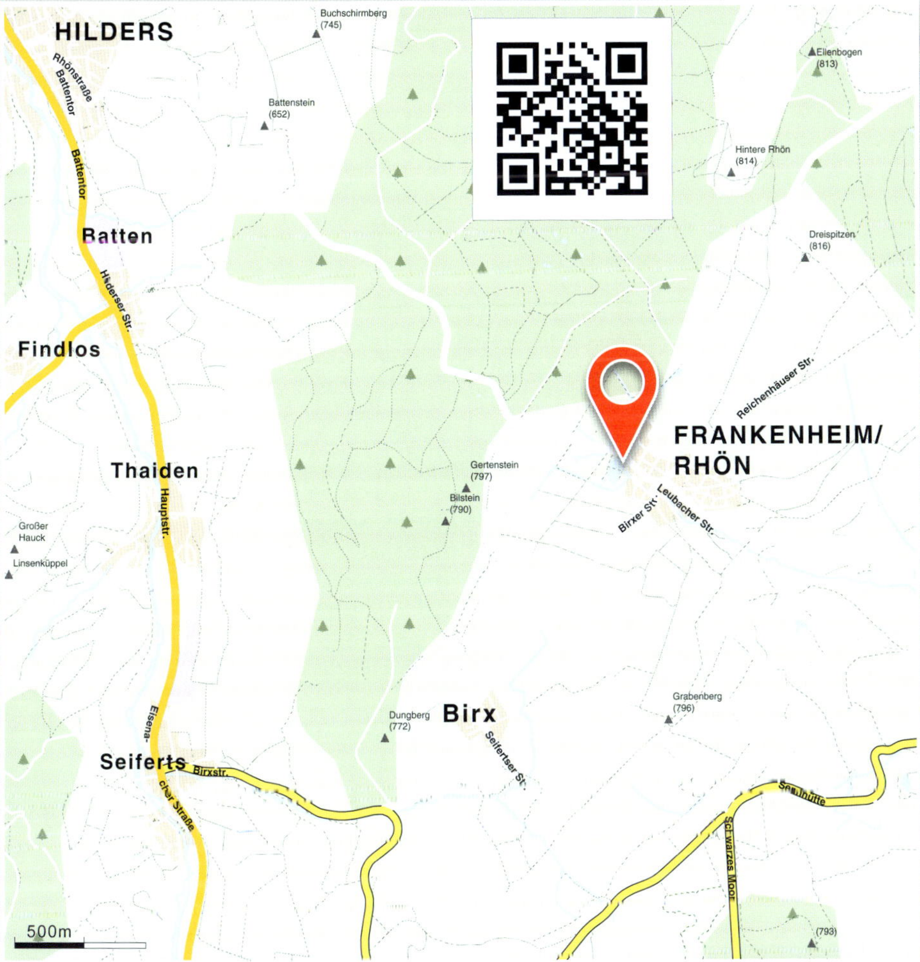

Essen & Trinken

Nahe der Bank: Einkehrmöglichkeiten in Frankenheim in der Pizzeria La Goulette (Montag Ruhetag, ✆ 03 69 46 / 59 40 40) oder in einer rosa angestrichenen Gaststätte namens „Schweinebucht" mit ausgezeichnetem Ruf (täglich 9 – 23 Uhr, ✆ 03 69 46 / 3 20 36).

Anfahrt & Lage

Auto: Rund ➡ 40 Kilometer sind es von der A 71-Abfahrt Meiningen-Nord über Kaltensundheim – B 285 – Reichenhausen. Alternativ von Wasungen über Mehmels. Wie immer bei Rhön-Touren ist schon der Weg ein Naturerlebnis. Reizvoll ist auch die Anreise über das Grabfeld via Mellrichstadt (A71-Abfahrt) und das sehenswerte Ostheim (von dort ➡ 19 Kilometer) und Fladungen, sie macht den Aufstieg zur Hohen Rhön spürbar.

Bahn, Bus, Rad: Originell ist die Anreise mit dem Regional-Express aus Erfurt/Suhl bis Mellrichstadt, dort um 11.10 Uhr mit dem „Rhön-Zügle" bis Fladungen, dann per Rad. Aber Achtung, es sind ⬆ 340 Höhenmotor zu überwinden. Fahrradmitnahme im Zug möglich. Das Zügle fährt an fast jedem Sonntag von Ende Juni bis Anfang Oktober, manchmal sogar unter Dampf. Rückfahrt ab Fladungen im Jahr 2018 um 15.02 Uhr (Aktueller Fahrplan: www.freilandmuseum-fladungen.de).

Jagdschloss und Fasanerie. Hier bescheint die Sommersonne am Rande der Rhön einen sanften Landschaftsmix aus Bergen, Wiesen, Feldern.

Hermannsfeld

Fasanerie Hermannsfeld

Der 400-Meter-Hügel östlich des 300-Seelen-Dorfs Hermannsfeld in der Gemeinde Rhönblick ist namenlos. Ganz anders als das mehr als 200 Jahre alte Jagdschloss Fasanerie, der wohl schönste ländliche Bau der Thüringer Rhön, an seinem Westhang. Gleich rechts neben dem Schlösschen mit der leuchtend gelben Fassade steht unsere Bank.

Die schöne Aussicht

...der Banksitzer hatte wohl schon der Bauherr des Schlosses, der Sachsen-Meininger Herzog Georg I., wenn er Ende des 18. Jahrhunderts nach getaner Jagd aus dem Fenster schaute. 19 Kilometer weit, so sagen hier die Leute, geht der 180-Grad-Panorama-Blick.

Wobei hier nicht die Fernsicht einzigartig ist (da gibt's viel weitere), sondern die Kombination mit einem allerlieblichsten Feld- und Dorf-Idyll im Vordergrund. Dies fügt sich ebenso perfekt in die Rhönkulisse wie in das edel-schlichte Ambiente des gelben Schlösschens und seines grünen Drumherums. Und das mit Spätnachmittags- und Abendsonne vom Feinsten, denn wir sind hier sozusagen am Südwest-Abhang Südthüringens.

Aktivitäten & Ausflüge

Klar, da ist zunächst das **Schloss**, das erst den Meininger Blaublütern und schon bald auch den Untertanen als beliebtes Ausflugsziel diente. Die Herzöge bauten das Gelände nach und nach zum Jagd- und Ausflugsgebiet aus, inklusive Fasanen in Gehegen. Nach einer durchaus typischen DDR- und Nachwende-Odyssee aus Militärnutzung, Schule, Leerstand und Pleiten sind Gebäude und Gelände heute im Besitz der Gemeinde Rhönblick und birgt die Gaststätte „Jägerstube" (siehe unten).

Im märchenhaften Wäldchen hinterm Schloss (Rundweg 45 Minuten) sind ein **Natur- und Bienenlehrpfad** und ein Wildgehege zu entdecken. Die Umgebung ist reich an Kräutern, gleich auf der Wiese an der Fasanerie, am Feldrand davor oder auf den verschlungenen Wegen des Naturpfades findet man Gänseblümchen, Veronika, Gundelwein & Co. **Kräuterfrau** Brigitte Ansorg aus Hermannsfeld bietet Führungen, setzt Kräuterbowle an und rührt Kräuterbutter (Termine: ✆ 03 69 45 / 5 74 31).

Das Dorf **Hermannsfeld** hat außer ruhiger Beschaulichkeit nichts Besonderes zu bieten.

Wandern & Radeln

Es radelt und wandert sich aber leichtfüßig hier in der nicht zu bergigen Gegend. Eine 60-minütige Rundwanderung führt auf das **Friedenskreuz** an der ehemaligen Grenze auf dem Dachsberg. Nach ➡4 Kilometern ist man auf der sehenswerten, vor allem für Kinder abenteuerlichen **Burgruine Henneberg** (Stammsitz der Henneberger Grafen) oberhalb des Dorfs Henneberg (frei zugänglich).

Von dort ist es per Rad nicht mehr weit nach Bauerbach mit seinem **Naturtheater** und dem schönen **Schillermuseum** (➡6 Kilometer, nur März bis Oktober und nur Di bis So 13 – 17 Uhr, ✆ 03 69 45 / 5 03 01).

Eine interessante Tour (➡ 10 Kilometer einfach, ⬆ 100 Meter, ⬇ 200 Meter), führt über Völkershausen (mit Dorfbrunnen) nach **Ostheim** mit seiner **Kirchenburg**, der größten und wohl schönsten Deutschlands (April bis Oktober sowie Dezember, Fr bis Mo sowie feiertags 14 – 17 Uhr, ✆ 09 77 / 18 50).

Essen & Trinken

Nahe der Bank: Die seit 2013 agierenden Jagdschloss-Pächter laden in die „Jägerstube" samt wunderbarer Terrasse, leider nur an vier Tagen die Woche (Do bis So, feiertags 12 bis mindestens 19 Uhr, ✆ 0171 / 6 35 20 07).

In der Umgebung: Das gemütliche „Braune Ross" in Bauerbach hat Mi bis So offen